黄渤

做一个有趣又情商高的人

邢瑜——著

江西教育出版社
JIANGXI EDUCATION PUBLISHING HOUSE

图书在版编目（CIP）数据

黄渤：做一个有趣又情商高的人 / 邢瑜著. — 南昌：江西教育出版社，2019.10
ISBN 978-7-5705-1322-2

Ⅰ. ①黄… Ⅱ. ①邢… Ⅲ. ①黄渤—人物研究 Ⅳ. ①K825.78

中国版本图书馆 CIP 数据核字（2019）第 164522 号

黄渤：做一个有趣又情商高的人

HUANGBO : ZUO YI GE YOUQU YOU QINGSHANG GAO DE REN

邢瑜 著

江西教育出版社出版

（南昌市抚河北路 291 号 邮编：330008）

各地新华书店经销

三河市华润印刷有限公司印刷

720mm×1000mm 16 开本 17 印张 字数 240 千字

2019 年 10 月第 1 版 2019 年 10 月第 1 次印刷

ISBN 978-7-5705-1322-2

定价：39.80 元

赣教版图书如有印制质量问题，请向我社调换 电话：0791-86705984

投稿邮箱：JXJYCBS@163.com 电话：0791-86705643

网址：http://www.jxeph.com

赣版权登字 -02-2019-537

前言

preface

2018年8月10日，黄渤执导的第一部电影《一出好戏》正式上映。从电影拍摄之初的不被看好，到上映之后一路过五关斩六将，票房突破13亿，最终成为票房黑马，完成了口碑和票房的华丽逆袭。

很多人感叹黄渤的好运，他不仅成了影帝，而且执导的第一部电影就获得了如此大的成功。然而，没有人能够随随便便成功。

在这个人们越来越注重“外表好看”的年代，拼不了“颜值”的黄渤，能够在复杂的娱乐圈中闯出一条属于自己的路，除了不断地努力和运气，他的幽默和高情商更是功不可没。

王尔德说：“漂亮的脸蛋太多，有趣的灵魂太少。”黄渤虽然没有帅气的外表，也没有挺拔的身姿，但是他的幽默风趣却俘获了众多粉丝的心。

在微博上，我们经常能够看到黄渤与粉丝们互动的画面。出于对黄渤的关心和喜爱，粉丝们经常会在黄渤的微博下面留言。黄渤那些幽默的回复，总是能够给粉丝们带来意想不到的惊喜。

有粉丝问黄渤：“偶像派和实力派之间，你觉得你属于哪一派？”黄渤幽默地回复："我是蛋黄派。"

有粉丝问黄渤："你认识管虎导演几年啦？"黄渤幽默地回复："呦，那我得掰脚指头算算。"

还有粉丝给黄渤留言："看这个回复节奏和回复内容，难不成影帝是在一一阅读和回复吗？那这些上墙的人可有福气啦。"黄渤的回答出人意料，又在情理之中："请问不阅读怎么回答？"

……

这些灵光四溢的回复、审时度势的应对，让人不得不为黄渤的机智和风趣点赞。

黄渤的"黄氏幽默"已经成为他的招牌，他在《星空演讲》上曾说过："讽刺、毒舌、小聪明不是幽默。幽默存在的意义，是让人和人之间的相处更愉快、更舒服。"不论在什么场合，他总是能够恰到好处地给身边的人带来欢乐。

当然，面对恶意的攻击，他也能够四两拨千斤地幽默反击。

在走红毯的时候，主持人用马云说过的"男人的长相和他的才华往往是成反比的"来戏言黄渤的颜值，被黄渤一句"我相信这句话也一直激励着您"反驳得哑口无言。

然而，相比黄渤的幽默，他的高情商更是为人津津乐道，甚至有人将黄渤为人处世中展露出的高情商誉为"一本行走的教科书"。

有一次，黄渤被记者问到他是否能够在喜剧界取代葛优等前辈的地位时，他说道："这个时代不会阻止你自己闪耀，但你也覆盖不了任何人的光辉。因为人家曾是开天辟地的人物，在中国电影那样的时候，人家是创时代的电影人，我们只是继续前行的一些晚辈，对这个不敢造次。"

这番话既表达了他对前辈的崇敬之情，又表明了年轻人的抱负，不可谓不高明。

在拍摄《极限挑战》时，黄渤对每个人都很照顾，尤其是对张艺兴，更是把他当成自家的孩子一般。在一期节目中，张艺兴生病了，黄渤要背他去医院。张艺兴觉得自己拖累了团队，感到非常内疚。尽管身体非常虚弱，他还是小声地对黄渤说“对不起”。

黄渤的安慰更见高情商，他没有和张艺兴说什么“大家不会怪你的”之类的套话，而是说：“身体不好有什么对不起的。”一句话尽显安慰，又消除了张艺兴的内疚感。

在黄渤身上，你总是能感受到他对人的真诚。他谨记微末之时发小的帮助，在自己成名之后，也尽力地去帮助对方。对于朋友，他也总是力所能及地帮助他们。不过，所有的帮助都是建立在彼此平等的基础上的。

黄渤说过：“所谓的高情商，就是不让自己和别人感到尴尬。”尤其是在夸赞别人这方面，要既真诚自然又不显得肉麻。

周星驰邀请黄渤演孙悟空，黄渤一开始是拒绝的，他这样说：“您这座山太高了，我翻不过去。”拒绝的同时，顺带把对方夸到了一个新高度，让人听了心中也舒服。

在电影《亲爱的》中赵薇饰演农村妇女，与平时的大眼美女判若两人。黄渤也不忘对赵薇卖乖：“但你把她扔村里怎么也是个村花。”他夸赞赵薇是“村花”，不仅富有情趣，还恰如其分地赞美了赵薇乡土味十足的新扮相，无论是赵薇还是大家，都会觉得黄渤的赞美机智而不失幽默、诚恳而不乏情义。

黄渤的高情商不仅体现在巧妙地化解尴尬、平易近人、真诚、接地气，还体现在与人交往时候的分寸感。分寸感是一个非常重要的东西，如果拿捏不好，幽默很容易变成耍贫嘴。很多人有时候图嘴上一时痛快，把话说大了或者玩笑开过了，就造成大家都尴尬的局面。

黄渤不论在什么场合，与什么样的人交往，都能够掌握说话做事的分寸。

他虽然喜欢搞笑、开朋友的玩笑，但是从来不去触碰别人的痛点。他一路走来能够赢得圈内的好人缘，除了依靠他的实力之外，还有他幽默风趣的口才和对生活充满热忱以及机敏的智慧。本书从黄渤二十多年的演艺生涯和人生经历中，无死角地深度分析了他的有趣又高情商的处世原则，对于我们如何成为一个有趣又情商高的人不乏实用性和指导意义。

目录

contents

第一章　有趣的灵魂才是最好的皮囊

第二章　有趣而不俗气，情商高就是把愉悦留给别人

第三章　化解尴尬场面，给人台阶彰显高情商

第六章　真诚不装，平易近人才更具人格魅力

第七章　情商高的黄渤是如何有趣地回复的

第八章 每个人都能成为一个有趣又情商高的人

第一章

有趣的灵魂才是最好的皮囊

敢于自黑，拿自己的相貌开涮

敢于自黑体现的不仅是自信，更是高情商。黄渤在一次接受采访时说："自信不重要，学会自嘲是一项很重要的本领。自嘲是自信进阶的表现，能帮你解决很多问题。"

黄渤的"长相"经常被吐槽。当电影《亲爱的》宣传的时候，有观众问："为什么海报里，只有你一个人是闭着眼睛的？"

黄渤回答："我眼睛小，我睁着眼和闭着眼，也没什么区别……"他的颜值在娱乐圈明显是"质量偏下"的，刚出道的时候，他演了很多的丑角，但塑造出来的形象无疑都是经典。他善于自黑，更是"自黑系"明星的典型代表，除了分享一些搞怪的、很丑的照片之外，每次他都敢于"拿自己的相貌开涮"。

他刚走红的时候，去参加综艺节目。小 S 响应网友的号召，上来就说黄渤的长相很特殊。黄渤愣了一下，说："开始的时候长得委婉，现在就开始抽象了。"现场的气氛顿时从尴尬转而活跃起来。

黄渤好像从来不去避讳别人对他外貌的嘲笑，总是用自己高情商的自黑去打破尴尬的局面。因为他发现，当他把自己的姿态放到最低的时候，就再也没有什么能够"打败"他了。

2009年，黄渤凭借《斗牛》获得第46届台湾电影金马奖最佳男主角奖。上台领奖的时候，主持人调侃黄渤衣服穿得随意，颜值也很随意。黄渤没有生气，而是机智地回答说："因为每次到台湾都比较亲切，就像到自己的家一样，所以就穿得有点随意。"并且还自嘲长得就不像影帝的样子，赢得了台下成龙、刘德华等老牌影帝的掌声。

即使成名之后，黄渤也没有长出傲气，被别人取笑的时候，依然能够应对自如，在自黑的道路上一路狂奔。

在节目《鲁豫有约》中，鲁豫问他："前一阵听人说你整容了，是吗？"

黄渤回道："我要是整完容了，整这样，我得让医院赔我多少钱啊？那要是整也是去哪个村里卫生所整的。"

很多时候，明星总是喜欢接受别人的赞美，对外展示的也都是自己最好的一面。黄渤却从来不介意旁人对他外形的评价。有一次，陈可辛导演评价黄渤的相貌："黄渤的脸和表情都有一种苦相！"若是别人听了，早就恼火了。黄渤却说："导演，你早点儿和我说啊，我演这个戏就不用费这么多劲儿了，每天看看自己的脸就有情绪了。"

自黑是一种人际交往的润滑剂，是一种有形的幽默，是一种化腐朽为神奇、化攻击为赞美的特别手段。它的存在，能够让人和人之间的相处更愉快、更舒服。

有心理健康专家表示，乐于自黑的人，才是真的心胸豁达的人。只有内心强大的人，面对别人的吐槽才能毫不畏惧，然后用自黑去化解。

我们可以发现，在娱乐圈中，除了黄渤，还有很多明星都善于自黑。

有一个知名导演被网友在微博上调侃，说自己有祖传秘方，治疗皮肤病有奇效。这位导演自黑道："我的颜值也就这样，即使治疗好了也不会成为吴彦祖，顶多就是一个杜月笙。"这下，网友反而不好再劝他去治疗了。

还有一个明星，观众质疑他的身高，嘲笑他的英文水平，吐槽他没有演技。他自黑："没错，我不是演技派，not at all。"网友纷纷表示：一遇男神深似海，从此节操是路人。

……

面对别人的嘲笑，他们自黑，将自己的弱点、缺点都袒露出来，这看似是一件危险的事情，但是在很多时候反而起到了保护自己的作用。他们都将枪口对准自己了，别人还好意思继续毒舌吗？自黑，本就是一种比较高境界的人生态度！

事实上，自黑并不仅仅是明星的必备神器，它同样适用于普通人。当我们被人嘲笑的时候，比如，有人很胖，和别人交往的时候说："我一看就是一个很有安全感的人，看我长得多稳如泰山。"或者一个很平凡的人，自黑说："我虽然不高，但我也不帅啊。"慢慢地，你的人缘就会变得好起来。

当然，我们自黑的时候也要注意把握分寸。自黑是通过对自我不足的批判行为来表露自己并不在乎被别人嘲笑，不要将其变成自轻自贱。一个高情商的人在自黑的时候，懂得避重就轻，通过幽默的方式来讽刺自己，使事情变得既好笑又不失分寸。

谁会拒绝一个有趣的人

在生活中，没有谁愿意拒绝一个有趣的人。有趣的人，不会让别人陷入尴尬。与有趣的人交往，就像是在炎热的沙漠中浸入一汪清泉，浑身的毛孔都透着冰爽的感觉，沁人心脾，让人念念不忘。有趣和幽默是互通的，而幽默的人，常常能够给身边的人带来快乐。

黄渤在参加《星空演讲》的时候，演讲的主题就是“谁会拒绝一个幽默的人”。在演讲中，他讲了一个“少白头”朋友的故事。

黄渤有一个男性朋友，比他大一两岁，但他是一个“少白头”，而且一脸褶子，工作的原因，穿得也不是特别时尚。坐公交车的时候，经常有人将他当成一个老人，给他让座。

黄渤问他：“遇到这么尴尬的情况，你是怎么做的？”

对方说道：“有人让座我就坐呗。”

黄渤笑骂对方“不要脸”。

对方说道：“不这样做，那怎么做呢？首先我要让对方以及我都处于不尴尬的状态。要不然，难道我要去跟他说，我凭什么要坐，我现在才32。结果所有人一看，呵，32岁就这么老了，这些年得经历了多少挫折，多尴尬。然后解释完了，你就这样一直站着，所有人的目光都会注视着你。但是，如果你就理所应当地坐在那里，你享受着座位，然后对方也觉得自己的红领巾更加鲜艳了，双方都不尴尬，这是多好的一件事。”

黄渤是一个很有趣的人，他不仅幽默，而且非常有才。他的才华，也让他的幽默表现得更加丰富多彩。在《极限挑战》第三季中，黄渤现场即兴创作了一首打油诗：“你我挑战已三载，六颗童心互无猜。三季暂别何须悲，明日继续展宏图。”新鲜有趣，又透露出不舍的真诚情感，进一步将节目推向高潮。

王小波曾说：“趣味是感觉这个世界美好的前提。”有趣的人，生活总是丰富多彩。不论是面对困苦，还是离别，有趣的人总是能够以积极的心态找出解决办法。他们的身上从来不会出现悲观的情绪，当你郁闷的时候，和他们相处，受到他们的感染，你就会发现苦闷在不知不觉中已经得到纾解。

那些有趣的人，不论走到哪里都能与人打成一片。在社交场合中，他们往往极受欢迎，因为他们不但能给身边的人带来欢声笑语，而且还能让别人忘记烦恼。在他们眼里没有翻不过去的高山，他们总是精力充沛地做着每一件事情。这种积极的生活态度具有极强的感染力，就像一个太阳一样，让人想要靠近，从而形成一个良性循环。

大作家林语堂便是一个非常有趣的人。他在“林氏幽默”语录中，说过这样一句话：“世界大同的理想生活，就是住在英国的乡村，屋子里安装有美国的水、电、煤气等管子，有个中国厨子，有个日本太太，再有个法国情妇。”言谈间诙谐幽默，字里行间都能看出他轻松的生活态度。

很多人在初入一个陌生的场合时，往往不愿意表达自己。他们不想去接触更多的人，害怕因为尴尬而让自己陷入更难堪的境地。因此，他们将沉默当成自己的保护色，然而越是这样，越难以融入，越是尴尬。幽默的人，可以让气氛特别的融洽，以上的所有问题均会消失。

有趣的人，即使在遇到刁难的时候，也能够在不发生矛盾的前提下用幽默化解。

有一位女士正在餐馆里进餐，忽然发现汤里漂浮着一只苍蝇。

她很生气地将服务员叫了过来，冷冷地讽刺道：“请问，这东西在我的汤里干什么？”

服务员弯下腰，仔细看了半天，微笑着回答道：“亲爱的女士，它是在仰泳！”

餐馆里其他顾客听完之后，被逗得捧腹大笑。

事实上，在这种情况下，无论服务员如何道歉，他的行为都只会让顾客认为是在狡辩，然后更加愤怒，对餐馆造成更坏的影响。但是他的幽默，却将他从困境中解救出来，使气氛得以缓和。

王尔德说：“漂亮的脸蛋太多，有趣的灵魂太少。”一个人若是被外界评价为“有趣的”，那是对其极高的评价。那么，在生活中，我们怎样才能成为一个有趣的人呢?

1．不断学习，扩大自己的知识面

丰富的知识，是展现幽默的基石。我们可以通过多看书、电视剧、电影，去旅行来不断接触新鲜的人和事，通过与智者交流等方式来丰富自己的人生经历。在与人交往的时候，言之有物，才能吸引别人的注意力。

2．扩大交际圈

想要做一个有趣的人就必须多与人交流，制造更多的和人交流的机会，善于观察身边人，多站在他人的角度看事情。多从有趣的人身上学习他们的优点，你就会发现你变得越来越有趣。

3．端正生活态度

有趣的人的生活态度也可以感染身边的人，他们往往很有主见，有自己独到的价值观，合理地去规划自己的生活，让自己的每一天都过得精彩。保持豁达的心胸，对生活充满热情，必要的时候自黑一下，不断陶冶自己的情操，让自己朝着有趣的方向发展。

与有趣的人交往，从来不用担心无聊，他们总是有着层出不穷的新奇点子，他们的语言充满着魅力。如果我们想要成为一个高情商的人，就要致力于将自己变成一个有趣的人，这样才能让人际关系越来越好。

有趣的比喻，让语言活泼生动

比喻，是文学上非常常见的一种修辞手法。在生活中，当我们说话时运用比喻，就可以让语言更加生动。在娱乐圈中，很多明星在说话的时候，都喜欢用比喻来修饰，黄渤就是其中一个。

黄渤导演的第一部电影《一出好戏》的主要拍摄地是日本南部的屋久岛，虽然岛上的风景美不胜收，但原生态的环境，处处都是弯曲的小路和悬崖，这给拍摄带来了巨大的困难。而且，小岛上一年 365 天大概有 400 场雨，更是让黄渤焦虑不已。剧组的演员爆料说："黄导在片场最常做的动作就是抬头看天等雨停。"

黄渤也说拍这部电影的时候的确很辛苦。因为是自导自演，所以，他一天要数次往返片场和监视器所在处，这对他的体力是巨大的挑战。

记者问道："这么辛苦，你有没有过放弃的念头？"

黄渤笑着说："拍电影就像谈恋爱，女朋友不可能只给你笑脸，她也会任性，也会发脾气，好的、坏的我都得接受。"

将电影比喻成"女朋友"，将拍摄中的辛苦比喻成"女朋友"的任性，非常形象地让人感受到黄渤对于电影的喜爱之情，即使遇到再大的困难，他也不会放弃。

很多人都说，黄渤会说话。尤其是在遇到刁难的时候，更能体现出他的机智幽默。

比如，有一次，记者问黄渤："听说拍完《疯狂的石头》之后，你的片酬上涨了120倍？"

黄渤则幽默地回应："别害我了呀，这么说谁还敢雇我啊……这么打个比方吧，我就是属于'物美价廉型'的。"他将比喻运用得得心应手，巧妙地回避了片酬这个敏感的话题。

说起"比喻"，它的主要作用有两个：一个是对事物的特征进行描绘或渲染，使事物生动具体，给人留下鲜明深刻的印象；另一个就是用浅显的或人们熟悉的事物对深奥难懂的事物加以说明，便于人们深入理解。

形象的比喻，意在用有形的物体代替无形的感觉，能够帮助人们更好地去理解。在语言的艺术中，产生幽默的一个重要途径就是运用比喻。它能够使呆板、僵硬的语言变得形象、生动。幽默滑稽的最佳素材也多来源于使人感到别具一格、出乎意料的比喻。

当我们觉得某个人口才好、生动有趣时，仔细观察就能发现，他与人交谈的时候，往往运用了很多形象的比喻。

语言的魅力就在于，它是人与人之间交流的工具。古往今来，很多人认为想要口才好，遣词造句时一定要辞藻华丽。但如果真的这样做了，大家就会发现不会取得理想的效果。

华丽辞藻的堆砌，只会给人一种空洞、不切实际的感觉。尤其是在给人讲明一种道理的时候，晦涩难懂的词语只会让人感觉云里雾里。而比拟等修辞手法可以将复杂、抽象的道理通俗化。

在西方的寓言中，就经常运用这种手法。比如《伊索寓言》中有一篇是这样写的："苍蝇站在风车上，大言不惭地说：'风车的转动，都是我的力量。'"当我们遇到一些骄傲自大的人，滔滔不绝地夸赞自己的某些成就时，我们便可以把这个寓言讲给对方听，或许就能够让对方及时醒悟。

联想集团的老总在一次开会的时候，曾经借助"鸵鸟理论"来讲明一种现象。

他说："当两只鸡一样大的时候，一只肯定觉得另一只比它小；当其中一只是火鸡，另一只是小鸡时，火鸡觉得自己大得不行了，但是小鸡却会觉得它俩一样大。只有当其中一只是鸵鸟的时候，小鸡才会承认它大。所以千万不要把自己的力量估计得过高。"

联想老总借助比喻，形象地说明只有你站得足够高，才会被人信服。启发式的语言，让员工们听了，更有了努力工作的冲劲。

在生活中，好口才是我们拥有一个好的人际关系的必备条件。巧妙运用比喻，能给语言涂上一层绚丽的色彩，增加讲话的趣味性和感染力，而且还能够让别人更加直白地明白我们的意思。同样地，我们运用比喻的时候还要注意下面四个问题，以免引起相反的效果。

1．比喻要通俗易懂

越是复杂的话，越难以让人明白。所以，喻体要浅显，生动具体，最好是与生活非常贴近，只有这样才能让人更容易理解和接受。

2．比喻的物体要相近

比喻的本体和喻体必须是完全不同，但又有极相似之处的两种事物。属性相同的事物，难以激发人们的联想，没有比喻的意义；而没有相似之处的事物，根本不具有可比性，也不能用来比喻。

3．比喻要自然贴切

比喻是增加语言色彩的好方法，但比喻不是越多越好，不能为了比喻而比喻，不能出于猎奇而矫揉造作、故弄玄虚。比喻应有创造性，那些老套陈旧的比喻、不自然的比喻，不但不能为讲话添彩，反而会让人反感。

4. 比喻时要形神兼备

这是指对比的两事物不仅要有外表的共同点，还要有内在特质与神情上的相似点，以便能揭示事物的精神实质。

反应神速，机智接梗

黄渤是娱乐圈中公认的情商高的男艺人，为什么这么说？黄渤的高情商在处理事情的手段，特别是现场应答上体现得尤为明显。对于别人丢过来的刁难，他常常妙语连珠，他的幽默机智一直为人津津乐道。

在 2012 年的亚洲偶像盛典上，黄渤和曾志伟的一番应答尤其让人记忆深刻。

曾志伟一上来就是一句："黄大哥，你好。"然后调侃黄渤说："我一直以为长得丑的人只能当个主持，是不能在荧幕上唱歌的。但是看到你，我才发现，长得丑一样可以在荧幕上唱歌。"

听到这个，黄渤微笑着回答："其实我们是互相鼓励，我小的时候也没想干这一行，后来一想，曾志伟都可以拿影帝，我凭什么不行？所以，偶像对于我们的影响是巨大的。从小喜欢郑少秋的，长大以后变成了 F4；从小喜欢曾志伟的，长大以后就变成了我。"

这番应对，真是太完美了，既机智地反驳了曾志伟的调侃，又给曾志伟留了面子，没让他觉得丢脸，毕竟黄渤表明了他从小的偶像就是曾志伟。

黄渤在娱乐圈中一直是"好脾气先生"的代表，对于别人的嘲笑，他不会愤怒地反驳对方，而是用幽默机智化解。这既体现了他的高情商，又不伤害彼此的脸面。但是，有时候，对于别人“不识相”的刁难，他也会机智回呛，以此来维护自尊。

在第50届金马奖颁奖典礼上，主持人郑裕玲几次三番地刁难黄渤。先是调侃黄渤的发型说：“今天的风很大吧？把你的发型都吹歪了。”黄渤立马机智地回了过去：“这是心情外发的一种表现，大家通过发型可以看到我的心情是多么的澎湃。”

事情并没有完，等到给最佳男主角颁奖的时候，郑裕玲又拿黄渤的穿着开玩笑：“你今天穿的是睡衣吧？因为我已经五年没来‘金马奖’了，所以我穿得特别隆重，你看……”

没有多想，黄渤自然而然地回道：“对对对，因为你是客人嘛，客人到别人家里去，当然要穿得隆重一点儿。你已经五年没来，可这五年我一直在‘金马奖’，这里已经像家一样。回到家里穿什么？回到家里一定要穿得舒服一点儿。”

这一段妙答，不但反击了郑裕玲，也赢得了台下嘉宾的热烈掌声。

事实上，在我们日常生活中，和他人交流时，也常常会遇到一些喜欢刁难别人的人，几乎所有被问的人都很反感和生气。这时候，如果我们能够漂亮地回击他人刁难的问题就会显得非常有智慧。

但是想要像黄渤一样，机智地接梗，不但需要快速的反应能力，还需要很高的情商。对于情商的提高，不能一蹴而就，需要我们不断地去读书、学习，通过人生的经历去积累经验。黄渤另一个接梗技巧——利用反问的语言去机智地应答别人，同样能够起到很好的效果，为我们提供了一条很好的学习之路。

2014年9月，陈可辛执导的电影《亲爱的》在全国宣传上映。在此期间，陈可辛导演携主演黄渤等人走进大学校园做了一次宣传活动。

在活动现场，有学生问黄渤："国庆档你有三部电影要上映，你最喜欢哪一部？"黄渤笑着反问道："请问今天哪个导演来了？"对于这个比较得罪人的问题，他没有直接回答，而是机智地用反问来解决问题，并且将重点从不方便回答的角度巧妙地转换到了他们今天的"主题"之上。

接着有学生问道："帅哥和美女，哪一个是你不能演的？"这个问题明显就是在拿黄渤一直被人取笑的"颜值"开涮。没想到黄渤并没有生气，反而问道："谁说我这个帅哥不能演美女了？"将尴尬的气氛一句带过。

当我们在生活中遇到一些刁难的话题，如果觉得直接拒绝回答会不太礼貌，又一时之间想不出犀利的接梗时，不如向黄渤学习一下，利用反问回击对方。我们可以先顺着话题稍微回答一下，接着灵活地提出反问，看他是如何反应的。这样的反问，不仅能避免尴尬的局面，运用得当还能显示出我们的幽默机智，何乐而不为呢？

当然，在生活中，我们也不能忘记随时随地去提升自己的内涵，这样在被人刁难时，才能更好地反击。

有一种有趣，叫苦中作乐

生活并不是一帆风顺的，但是高情商的人能够苦中作乐，让困苦的生活变得有趣起来。

黄渤导演的第一部电影《一出好戏》，是他努力七八年的心血结晶。在拍摄的过程中，黄渤遭遇了各种各样的困难。张艺兴回忆说：“有一场戏是我和导演坐在小木筏上，没有任何安全措施，就这样在大海上漂着，海水源源不断地灌进裤子里。那一刻，我感觉导演真的是玩命在拍，非常敬业。”

尽管拍摄地条件非常恶劣，而且伴随着自己导演的第一部电影的巨大压力，但黄渤依然能够苦中作乐。他有时候会在片场里扛着摄影机录花絮，有时候会和工作人员一起扮鬼脸模仿大猩猩。就像女神舒淇说的，他一直保留着孩子的天真和好奇。

对于自己导演的第一部电影，黄渤严格把控每一个细节，竭力演好每一场戏。但是在工作之余，他也能够苦中作乐，做一些有趣味的事情，娱人娱己。

对在拍摄第一部电影中遇到的困难，他表示：“看似迈不过去的坎儿、绕不过去的弯，其实最后都能解决。在征服和解决的过程中，你会感到无比的满足和喜悦。我无非是想和观众讲一个故事而已，这件事让我兴奋，让我觉得好玩。在这个充满了迷茫和诱惑的行业里，坚守初心才不会那么难熬。”

有趣的人总是能够从生活中积攒力量，他们将生活中的困苦当成一种挑战，不断地在逆境中实现自我突破。

王小波曾经说过：“有趣是我们一生不可动摇的信条，假如这世界上没有了有趣的事，我情愿不活。什么样的灵魂，就要什么样的养料，越悲怆的时候我越想嬉皮。”然而，这样有趣的灵魂，在早年间却一直生活在贫苦之中。

王小波刚出生，父亲就被打成了“阶级异己分子”。他又先天不足，长了一个大头和“桶状胸”，时常被人嘲笑。后来等到他终于能够养活自己的时候，又去了云南、山东插队，辛苦劳作……

王小波在云南插队时，一米八四的个子弯在水田里的姿势非常奇怪。插了一整天的秧，腰都快累断了，他却能说成是“后腰像是给猪八戒筑了两耙”。他没有被痛苦的现实生活压垮，苦中作乐，不断汲取养分滋养自己的灵魂，就像一颗充满生命力的种子，越是经历风雨就越是疯狂生长。

越是有趣的人，生活得越是通透。他们不会为生活中的挫折和困苦所困扰，一直快乐地生活。当生活有了质感和喜感，我们才能成为真正的强者。

生活总是充满意外，也许上一秒还是春风满面，下一秒便会身陷囹圄。很多人在面对突如其来的意外时，不是想着怎样去解决，而是犹豫不决，渐渐绝望，最后就此放弃，意志消沉。我们无法预知那些突如其来的意外，但是却能够以幽默的态度去面对。

这是一种积极进取的生活心态，它不是盲目、冒进，也不是自大、自满，而是用一种乐观的方式去面对那些生命中不如意的事。无趣的人常常缺乏从头再来的勇气，而有趣的人只怕挑战不够多。

巴尔扎克是著名的大作家，然而早年的时候，他的生活并不宽裕。

有一天晚上，他睡觉醒来，发现有个小偷正在翻他的抽屉，他忽然哈哈大笑起来。

小偷被吓了一跳，接着奇怪地问道："你笑什么？"

巴尔扎克说道："真是太有意思了，我白天翻找的时候一毛钱都没找到，你在黑夜里还能找到什么呢？"

小偷自讨没趣，生气地转身就要走。

巴尔扎克笑着说："请你顺手把门关好。"

小偷嘲笑地说道："你家徒四壁，关门干什么啊？"

巴尔扎克幽默地说："它不是用来防盗的，而是用来挡风的。"

巴尔扎克很是富有苦中作乐的精神，并且以这种精神支持着他后来的创作。他的一生共完成了数十部长篇小说，在世界文坛中有极高的地位。

有趣的人，不是在贫嘴中出丑，而是有一种用智慧理解生活后的淡定与泰然。情商高的人，他们幽默风趣，能够让别人如沐春风；他们拥有豁达的情怀，包容生活中的挫折和困难。正是这样的生活态度，才能够让他们获得更多人的喜爱。

一本正经的逗乐才好笑

什么是一本正经的幽默？就是你对于笑话不强调，也不解释，在那里一本正经、大义凛然地“抖包袱”。听众已经被逗得笑得不行了，你依然满脸严肃的样子。无论是在电影里还是生活中，黄渤总是能够一本正经地把一些事情说得很有意思，或者一本正经地用幽默去化解尴尬，给大家带来欢乐。

北影 65 周年校庆，2002 级的黄渤和刘亦菲共同走过红毯，让人惊讶的是两人竟然是同级同学。接受采访的时候，黄渤幽默地说：“确实如此，我们是同学，刘亦菲没那么老。”后来刘亦菲恭维黄渤，说自己是他的粉丝，接受采访的黄渤一本正经地说道：“她是越来越美，我是一直都美。”

大家都知道黄渤的颜值不高，和刘亦菲站在一起明显老很多，被人问到这个问题也很尴尬，但是黄渤一本正经的幽默，不但夸赞了刘亦菲，而且也用自己的幽默让周围的人捧腹。

事实上，没有人能够随随便便成功，尤其是在复杂的娱乐圈中。而娱乐圈中俊男美女如云，所以黄渤的长相就经常被拿来调侃。如果别人一调侃，他就生气，黄渤也就没有今天的成功了。

在 2011 年的时候，黄渤刚刚拍完由台湾导演蔡岳勋执导的电影《痞子英雄之全面开战》，他和赵又廷被邀请参加台湾著名主持人张小燕主持的《SS小燕之夜》。

那时候，黄渤作为评审刚参加完金马奖评选。在节目开始后，张小燕先朝着黄渤抛出了他参加金马奖的话题："你在金马奖得过最佳男主角……今年你又是评审？"

黄渤不易察觉地稍微扭了一下头，谦虚地连说了两个"对"字。张小燕注意到了黄渤这个细微的举动，赶紧追问："干吗？评审就不敢讲，是吧？没人骂你，你评得很好啊。"

黄渤笑了下，说道："我觉得这个还挺有缘的。第一次拿了奖以后，第二年过来颁奖，第三年过来当评审，明年可以过来当主席。"观众们立马被黄渤逗得哈哈大笑。

张小燕也打趣道："你把朱延平（当时的'金马奖'主席）都赶走了！"

黄渤在回答的时候说的这句话就像是在一本正经地说段子、"抖包袱"一样。他先是稳稳当当地拿前三次来"金马奖"的事情做铺垫，等到最后一句，才抖出了一个充满笑料的"包袱"。这种我明明是在幽默，却偏偏表现得很正经，更让人忍俊不禁。

其实，一本正经的幽默最早出现在周星驰的电影中，他们多是以一种不正统、不按常理出牌的方式，讲述一件很严肃正经的事，或者正儿八经地讨论一件穷极无聊的事。现在，这种一本正经的幽默已经成为一种社会现象，黄渤便是这种现象很好的表现者。

作为喜剧演员，在很多电影中，黄渤都会通过夸张的语言和动作来增加幽默效果，但是有时候，反而不如一本正经地说笑话，更能引得观众大笑。比如，黄渤出名之后，有一次，主持人问他："你有膨胀过吗？"这时候，如果你说没有，人家说你虚伪；说有吧，又显得有点儿傻。

黄渤则一本正经地回道：“应该也有，但是没让别人看出来。有一段时间，我回家就照镜子，忍不住对自己说‘嘿，兄弟你最近越来越帅了’。”明明是很搞笑的台词，配上正经八百的语气，这种“反差萌”更能制造出好的喜剧效果。

幽默从来都不是随随便便得来的，它需要丰富的阅历，需要博学的知识，也需要宽容而强大的内心。一本正经地幽默，更是需要认真的态度和快速的应变能力。当我们想要一本正经地幽默的时候，需要注意以下几点。

1．讲的时候一定要有底气

即使你要讲很搞笑的话也要当作是真理一般坚定、严肃、铿锵有力地道来，用一种不容听者怀疑的态度让听者不由自主地去相信。

2．要加入比较科学的专业性用语

装作拥有强大坚实的理论支撑，给听者一种“听起来好有道理”的感觉。

3．把握分寸

说的话不可太过离谱，内容在逻辑上一定要连贯，衔接要紧凑，这样才能使得听者始终集中注意力。

4．“抖包袱”的时候要掌握合适的时机

抖得好是简单一句话，让听者瞬间明白“原来之前认真听的一切竟然都是在搞笑的啊”。另外，适当的肢体语言和语气模仿能力也会锦上添花。

一本正经地逗笑，出人意料，往往能收获更好的效果。高情商的幽默，不是一味地去讲一些所谓的笑话，强行将人逗笑，而是多层次的、具有反转效果的幽默，富有韵味。当我们在表达自己的幽默的时候，可以不断地从生活中汲取素材，让自己的幽默变得多元化起来。

勇于分享自己的糗事

幽默绝对是人际交往中的润滑剂。但是有的人是通过别人的事情来表现自己的幽默，黄渤却是通过分享自己的糗事来娱乐大家。

在《我们结婚吧》的新闻发布会上，黄渤作为嘉宾出现在现场，说起了自己的“职业伴郎经”，并分享了几件自己做伴郎时的糗事。

黄渤说：“我经常给人做伴郎，我觉得我特别适合做伴郎，非常能够突出英俊的新郎。有一次，在婚礼现场，新娘突然在门口停了下来，我问她：‘你怎么突然不走了？’新娘转身对我说：‘您都踩我裙子上了，我怎么走啊。’

“还有一次，我跟着两位新人上了场，却发现场内没有音乐，两位新人要在一片冷清当中交换戒指。于是我大喊：‘音乐还没准备好，快下去。’两位新人听了我的话，飞快地从婚礼现场冲了出去。”

众人听了黄渤的话，顿时大笑了起来，现场的气氛一片热烈。

在适当的场合分享自己有趣的糗事的人，人缘一般不会太差。他们既能用有趣的方式化解尴尬，又能不伤及他人的面子。既不端架子，也不玻璃心，身边有一个这样的朋友，能够为生活增添不少乐趣。

有一期的《极限挑战》走起了温馨风格，节目组让这些在娱乐圈中打拼了多年的“极限男人帮”穿着浴袍，围坐在舒适的室内聊天，大家纷纷聊起了自己“小时候的英雄梦”。

这时候，黄渤自爆自己小时候特别弱，“谁都打不过”，所以他小时候有一个梦想就是“见谁打谁”。只是完全没有想到自己现在运动能力会这么强，各种技能都点亮。结果惨遭黄磊爆料：“其实是见谁被谁打。”此话一出，惹得哄堂大笑。

看得出来，黄渤和“极限男人帮”的关系处得特别好，他也是娱乐圈中公认的好人缘的男演员。正是因为他这种随时随地幽默，大大方方分享自己糗事的做法，才赢得了大家的喜爱。

当然，在娱乐圈中，用分享自己的糗事来活跃气氛的并不只黄渤一人。在《向往的生活》中，大家劳作之后休息，围在桌边闲聊，何炅也分享过自己早年的一件糗事。

何炅说：“在主持一档音乐节目时，那时候陈冠希很火，节目组便邀请了陈冠希作为当期嘉宾，没想到陈冠希全程都在笑。”

大家听了很是惊讶，何炅表示自己也很困惑。不过秉承作为主持人的专业素养，他压制了心中的怒气强撑着主持完节目。

等到录制结束之后，他终于忍不住了，上前对陈冠希说：“陈先生，你是很火，但是其实对我来讲，你只是我今天的一个来宾。我尊重你，但我觉得你也要尊重我的工作，你一直在那边笑是不对的。”

这时候大家都被故事所吸引，何炅接着说道：“没想到陈冠希的回答是：‘那是因为你今天全程都在管我叫陈奕迅。’”原来陈冠希的英文名是“Edison”，何炅把他和陈奕迅的“Eason”搞混了。

顿时，宋丹丹等人笑得前仰后合，何炅也直呼自己“太丢脸”，他还再现当时的尴尬表情，乐翻众人。虽然这是何老师早年的一件糗事，但在此时的磨菇屋里，显然带给了大家欢乐，并且制造了不错的节目效果。

分享自己的糗事被视为明星的必备手段，它不仅能让明星成为活跃气氛的“担当”，而且还能拉近和粉丝之间的距离，增长人气。当然，这也同样适用于普通人。

在生活中，当我们遇到冷场的时候，如果能够分享一件自己的糗事，别人捧腹大笑的时候，尴尬也会消失。不过我们在分享糗事的时候，要分清场合，可以应用在朋友之间空闲的聚会上，但是在一些严肃的场合，比如开会、见重要客户等就不适合了，不但达不到活跃气氛的效果，反而会起反作用，严重时还会导致你丢掉工作。

适度夸张，往沉闷的气氛里扔一颗“快乐炸弹”

第 46 届台湾金马奖，黄渤和张家辉成为双料影帝。上台领奖的时候，张家辉可能没有准备，发言时有些卡壳，台上台下的氛围有些沉默。轮到黄渤发言的时候，他略带夸张地开着玩笑说：“记得刚考上北京电影学院的时候，有的同学就说，黄渤也考上电影学院啦！现在的招生标准太松了吧！”全场顿时爆笑。

黄渤接着说：“后来呢，跟我们一帮帅哥美女同学去试镜，然后导演跟帅哥美女聊了很久，之后过来跟我礼貌地说：‘哎，请问你是他们的经纪人吧？’后来还有一位长辈，知道我要演戏了就跟我说：‘女怕嫁错郎，男怕入错行呀！’看样子我选对啦！”台下嘉宾席爆发出了雷鸣般的掌声。

略带夸张地开玩笑，虽然是自黑，但是一下子就打破了沉默尴尬的氛围，就像一剂强心针，让嘉宾们不断发出笑声。

还有一次，黄渤、管虎和梁静为了宣传《杀生》去参加了《鲁豫有约》。在节目中，鲁豫和大家谈到了家庭生活与个人理想，以及夫妻之间和谐共处的话题，问梁静在生活或成长中碰到和现实抗争的时候，是退缩还是坚持这个问题时，现场的气氛有些严肃。黄渤一看气氛有点儿不太对，就一边用手比画，一边脸上略带夸张地说道："人都可以这样说，我不能，我是干大事的人，刷碗？开玩笑呢，绝不！"

短短的一句话，黄渤将管虎的口头禅在这个场合中用夸张的语气讲了出来，顿时冲破了沉闷的气氛，让台上台下都欢快了起来。陈鲁豫也不禁说："这台词好，以后我也这么说：刷碗？开玩笑呢，绝不！"大家又开始轻松地聊起天来。

这种夸张的方式，就是在你想要表达幽默效果的时候，以一种轻松、调侃的态度，对事物的形象、特征、作用、程度等方面，着意扩大或者缩小。很多时候要违反常规，去得出一个出人意料的结果，进而产生幽默感，让对方发笑。就像黄渤的这句"刷碗？开玩笑呢，绝不！"一样，夸张了事实，产生了出其不意的幽默效果。

其实，这种夸张式说话的实质就是"言过其实"。虽然让人听着有些不切实际，稀奇古怪，但是它可以突出说话者的情感和态度，引起听众的强烈共鸣，或者突出事物的本质和特征，引起人们丰富的想象，或者可以烘托气氛，增强感染力。

比如，有两个爱吹牛的人讨论吃包子的问题。一个说："前几天家里蒸了个包子，我们一家四口吃了三天三夜都没见馅，又吃了三天三夜，突然发现我儿子正在里面吃馅呢！"另一个也不甘示弱："那算什么！我家那个包子，一家八口吃了八天八夜，却只见一块碑，上书'此地离馅还有三十里'。"

这种荒谬的夸张，总能瞬间引起人们的注意，然后让人听了不禁捧腹大笑。因为它本身就包含了不协调，从而产生强烈的幽默效果。

事实上，在幽默的说话技巧中，夸张是最常用的一种手法。尤其是在小品和相声当中，夸张式的幽默就更常见了。

比如，相声大师侯宝林曾说："医生拉开肚皮一瞧，好嘛，剪子忘里面了！"

这是夸张。姜昆说："好家伙，那月饼硬得一摔马路可以砸出俩大坑！"也是夸张。

当然，人们不仅可以通过说话来表现夸张式的幽默，衣着、妆容、说话方式也都可以。比如，卓别林那手杖、那衣服、那特大皮鞋，还有那外八字腿别别扭扭的走路动作，是夸张，也是幽默。

如果我们想要表达夸张式的幽默，可以采用故作大言、故作蠢言、故作假言、故作小题大做等夸张手法，这些都能够带来很好的喜剧效果。

马克·吐温就是一个非常擅用夸张式幽默的人。有一次他外出，因为火车开得很慢，让他很不满。正好遇到列车员查票，马克·吐温便递给他一张儿童票。列车员很生气，说："你这是什么意思？难道我们还看不出您不是一个孩子嘛！"

马克·吐温回答说："我现在已经不是孩子了，但在买票上车的时候是。"以此来表达自己对火车开得太慢的不满。故作蠢言，夸张到极限，远远超出了现实，然后产生了奇妙无比的幽默效果。

在生活中，我们也可运用这种夸张式的幽默。比如，在工作之余，讲几个夸张的幽默段子，逗大家一乐，来调节一下紧张的情绪。

我们夸张的同时要注意：夸张要产生幽默，就要同生活中滑稽可笑之处联系起来，即通过对生活中一些事物的有趣之处极力夸大渲染，来揭示生活中某些不合理或不和谐的现象，进行善意的嘲讽和规劝。但幽默，不是讽刺、毒舌，更不是耍小聪明。我们不仅要具有丰富的想象力，更要注意掌握分寸。

我们不能拿别人的缺点来取笑。比如，你的一个朋友身材不好，你偏偏要拿对方取乐，说："哇，你看你现在都要重如泰山了，再这样会找不到男朋友的。"

这不是夸张式的幽默，反而是对别人的嘲笑、不尊重，不但带不来幽默的效果，反而会伤及对方的自尊心。

故意曲解，妙趣横生

在生活中，如果我们曲解别人话中的意思，可能会导致做错事情或者是对别人的一种不尊重。然而，黄渤在一些场合的“故意曲解”，常常妙趣横生，笑点不断。

粉丝对黄渤有趣的回答非常感兴趣，因此经常会在黄渤的微博下面提问。有一次粉丝问道：“渤哥，除了你家，哪里偶遇你的概率最高？”

黄渤留言道：“心里。”

粉丝问黄渤道：“渤哥，你在这个看脸的世界仍然能生存得这么好，是怎么做到的？”

黄渤幽默地说道：“倒着走。”

在宣传电影的时候，黄渤和粉丝之间的对答更是妙趣横生。比如说，黄渤参加微博的微访谈《火线三兄弟》的时候，有粉丝问道：“渤哥，偶像派和实力派之间，你觉得你属于哪一派？”

黄渤说道：“我是蛋黄派。”

不论什么样的问题，到黄渤这里他都能幽默地解决，而“故意曲解”这个方式，便是他最有效的手段。其实，黄渤的很多经典段子都运用了这种方式。

说到黄渤年轻的时候，有记者问：“你年轻的时候还蛮帅的，你是怎么把自己弄成现在这样的？”

其实这就是在调侃黄渤的颜值，黄渤没有在这个问题上纠结，回道：“多参加管虎、宁浩几位导演拍的戏就可以了。”成功地将话题重新转移到了电影上。

还有，黄渤在2011年国庆期间上了《谢天谢地你来啦》，和崔永元一起录制节目的时候，就多次运用了这种方法。

崔永元知道黄渤有三个绰号，于是见到黄渤就问：“听说有不少人骂你，甚至还给你取了不少绰号。”

黄渤说：“对，其中还有一个绰号是骂我的，而且很难听。”

崔永元问道：“什么绰号？”

黄渤说：“实在太难听，我不好意思说，怕侮辱你！”

崔永元笑着说：“没事，我不怕被侮辱！”说着，做倾听状。

黄渤故作愤怒地说道：“这绰号太侮辱人了，今天我来有人喊我崔永元，太气人了，我心说你才是崔永元呢！”

黄渤机智地铺垫了这么久后抖出来这么一个大包袱，观众们听了瞬间哄堂大笑，崔永元一时之间有些蒙圈，之后也笑弯了腰。本来黄渤是被崔永元调侃，但是他却能够用自己的智慧将崔永元堵得说不出话，这种“改名换义”显然起到了不错的效果。

在一些颁奖典礼上，一些巧妙曲解的话，尤其能够体现黄渤的高情商。

在第20届上海国际电影节上，黄渤凭借在影片《冰之下》中的表演，将金爵奖最佳男主角揽入怀中。在颁奖典礼上，黄渤依然不改往日幽默有礼的风范，金句频出。首先在红毯环节表示“影帝就是拍电影的小弟，希望可以继续努力”。一句话，将谦逊的态度表现得淋漓尽致。

语言曲解，除了黄渤，著名国画大师张大千也用过，还成了一段经典。

抗日战争胜利后，张大千先生要从上海返回四川老家。在践行宴上，梅兰芳等社会名流也出席了。张大千先生向梅兰芳敬酒时说："梅先生，你是君子，我是小人，我先敬你一杯。"

梅兰芳不明白其中的意思，忙含笑问："此作何解？"

大千先生笑着答道："你是君子——动口，我是小人——动手。"张大千先生的幽默引得宾客为之大笑。

在生活中我们都觉得"君子动口"是夸赞人的话，"小人动手"是贬低人的话，但是在此处，张大千先生就巧妙地运用了曲解。梅兰芳先生是唱戏的，所以是动口。张大千先生是画画的，所以是动手。他借用了"君子动口不动手，小人动手不动口"的俗语，来称赞梅兰芳先生是君子。张大千说话时注意到双方的身份和职业特点，巧妙地借用曲解表达了艺术家之间的友情，很能达到幽默的表达效果。

巧用曲解，不但能够化解尴尬，而且能够让你说话如黄渤一样，变得诙谐幽默，金句频出。和别人产生了争执，这时候若能巧用一句曲解的话，即可在不伤害感情的基础上，将争执翻篇。

我们运用曲解的时候，要注意不能不分场合只是为了故意制造幽默而去曲解别人的话。它只是一种借题发挥的修辞手法，是指我们在说话的时候，巧妙利用词的意思有意地进行歪曲解释，以传达出一种新的理解，重点是满足一定的交际需要。我们不能为了制造幽默，反而耽误了正事。

出其不意，才能出“笑果”

出其不意，是让人变得幽默的一个很好的方式。在冷场的时候，一句出其不意的话，就能让气氛变得欢乐融洽起来。黄渤显然很擅长用出其不意来制造幽默的效果。

众所周知，黄渤和王迅的关系非常好，他们还一起去参加《极限挑战》。

有一次记者采访黄渤的时候，聊起他在《极限挑战》里的那几位队友，提到了王迅。

记者：“听说王迅是你推荐过来的？”

黄渤：“是，因为王迅是一个特别好玩的人，形象很突出，亮点很明显。”

记者：“亮点是指他老实吗？”

黄渤：“哦，不，是他的牙，哈哈哈！”

本来是在一本正经地聊着王迅的形象之类的话题，结果到了话尾黄渤突然拐了一个弯，说王迅的亮点在“他的牙”，让人听着非常幽默有趣。

在与人交谈的时候，明明前面都很正经严肃，最后来一个出其不意的回答，往往能制造出一些不一样的幽默。这就像是人们在翘首以待中，忽然得到了一个跟想象完全不同的答案，惊喜并且令人回味无穷。即使是在颁奖典礼这种严肃的场合，出其不意的幽默也会收到很好的效果。

在第46届台湾金马奖上，最佳男主角奖（影帝）花落两家：张家辉（《证人》）和黄渤（《斗牛》）。因为是金马奖有史以来首下“双黄蛋”，包括获奖人在内，所有人都惊讶不已。

也许是因为意料之外，没有事先准备又心情激动的张家辉，在发表获奖感言时，才说了一句“其实……”就完全卡壳了，台上台下都十分尴尬，还是黄渤接过话头，机智救了场：“其实我经常看你的电影欸。”全场爆笑。

本来台上台下都处在尴尬的氛围中，因为黄渤机智地接过话头，出其不意地说出“其实我经常看你的电影”，既化解了张家辉的尴尬，又表现出自己对张家辉演技的敬佩。不得不说，黄渤的这种出其不意的机智真的很让人敬佩。

幽默本来就是一种出其不意的结果，如果什么都在我们的意料之中，也就没有什么幽默可言了。所以，能够说出别人想不到的语言，便是幽默的宗旨。

在有些场合，利用“出其不意”的技巧，把相同意思的话幽默地用不同的语言来表达，更能产生“笑果”。

黄渤和袁泉给新话剧《活着》做宣传的时候，袁泉力赞黄渤是“绽放在舞台上的花”，说“能跟他合作很开心，看到黄渤这朵花绽放得这么美，我作为绿叶很幸运”。

幽默的黄渤马上自我调侃道：“我也就是一朵狗尾巴花！”惹得现场一阵大笑。

随即，黄渤又打趣袁泉道：“我们能够组合在一起，真的十分难得。因为我们是‘黄泉组合’。哎，这好像不太好听哈！”说完，袁泉也笑了，现场的人都笑得前仰后合。

别人夸赞他，他立马夸赞回去，还调侃自己为“一朵狗尾巴花”，并且匠心独运地有意将两个人称为“黄泉组合”，表明自己和袁泉合作得也很开心，这不但让袁泉听了心花怒放，也把现场的气氛挑动得更加热烈。既愉悦了别人，也愉悦了自己，还给人留下了深刻的印象。

我们都知道，开幕式有时候是冗长枯燥的，但常常有那出其不意、别出心裁的事情发生。

在一次写作协会的开幕式上，各级领导已经发完言，轮到党委书记的时候，开幕式已经进行了很长时间了。于是，他这样说：“首先，我代表 ×× 区委和区政府，对各位专家表示热烈的欢迎。”掌声过后，稍作停顿，他又响亮地说，“最后，我预祝大会圆满成功，我的话说完了。”以迅雷不及掩耳之势结束了演讲。

观众们听完都一愣，本来都准备洗耳恭听“首先，其次，再次……”这样的长篇大论了，没想到这么快就结束了，接着爆发出欢快的掌声。这样的讲话，如天外来石，出人意料，达到了石破天惊的幽默效果。

当我们在和别人交谈的时候，也可以运用一下出其不意的方式来表达我们的幽默，让对方在听了我们前半部分的话，根据习惯性思维去想象后半部分的内容时，来一个出其不意的反转，使对方听到的后半部分和想象的结果截然不同，给对方留下一个幽默的印象。

但是有一点需要注意的是，出其不意要取得好的效果，取决于听众的静心默思，反复品味。因为听众在听完话之后，必须有个回味的时间，才能体会出个中的奥秘，产生幽默风趣的效果。因此，我们只有把握好时间，掌握好火候，才能将幽默制造得水到渠成，既能恰到好处地表达自己的想法，又能避免正面冲突。

第二章

有趣而不俗气，情商高就是把愉悦留给别人

抬高别人，又不贬低自己

很多人喜欢通过贬低自己来夸赞别人。比如说：“你比我厉害多了，如果是我做这件事，肯定做得一塌糊涂。”尽管这样会给别人留下谦逊的印象，但若一味地贬低自己，可能真的会让他人对我们的能力产生怀疑。

既抬高了别人，又不贬低自己，才是一个人情商高、会说话的表现。

张家辉是香港著名男演员，在第46届金马奖和黄渤平分影帝，产生了史上第一个“双黄蛋”，所以他的心里一直有点儿不舒服。后来在第50届金马奖的时候，黄渤被邀请为评审和颁奖嘉宾。对于张家辉心中的芥蒂，黄渤是这样化解的。

他说，自己只能算拿过半次奖，因为那一年他和张家辉是平分的。说到这里，此时坐在台下的张家辉的表情就不太好看。

黄渤接着说：“（张家辉）去年也有提名，今年也有提名，他是想努力地把自己失去的那一半拿回来。”

这话说得太漂亮了，一方面没有降低自己的身份，另一方面又把张家辉捧了一下。听了黄渤的话，张家辉原本不太高兴的脸顿时变得笑容满面。黄渤在这一届的表现，也一直被外界奉为黄渤教科书般说话之道的代表作。

贬低别人，并不能抬高自己。比如说，别人夸赞你的衣服真好看，你不但不说谢谢，还一副理所应当的样子说道：“那当然，我长得这么帅，穿什么衣服都好看。你长得不行，穿着肯定很难看。”一边抬高自己，一边贬低对方。对方不会真的认为你特别优秀，只会觉得，你情商低，不会说话。

别人赞美你一句，你就回一句赞美，夸的人高兴，听的人舒服，两个人“礼尚往来”，既抬高了对方，又不贬低自己。

在生活中，有很多人为了表现自己的才能或者是为了获得别人的注意力，喜欢用贬低他人的方式来抬高自己。比如说，当有个人做某件事情成功的时候，他们不但不会恭贺对方，反而会说：“这没有什么了不起的，如果换作我，肯定会做得更好。”

还有的人为了获得别人的好感，喜欢通过贬低自己来抬高别人。比如说，有人成功地做了一件事情，当别人夸赞他的时候，他连连摆手，说道：“我还差得远呢，能够成功只是凭借运气。如果你来做这件事情，肯定做得比我好得多。”这并不能表现出你的谦虚，反而容易让别人在心中轻视你。

不论是贬低他人抬高自己，还是贬低自己抬高他人，都不是一种高情商的表现。尤其是在面对别人的刁难时，如果一味地贬低自己抬高他人，他们不但不会适可而止，反而会不断地去试探挑战你的底线。

黄渤在面对记者的刁难时，不会为了抬高别人而去贬低自己，而是用自己的机智幽默去化解。

《鬼吹灯之寻龙诀》在进行宣传的时候，有记者问黄渤：“刚才陈坤提到在电影里要演 18 岁，压力很大，黄渤你觉得演 18 岁压力大吗？”

黄渤笑着说道：“没有说 18，我是照着支书演的，他们是照着知青演的。”

记者接着对黄渤的颜值提出了疑问：“你不是这个电影的颜值担当吗？那怎么看待 Angelababy？”

黄渤笑着说：“所以再见到一种美就很难接受她，很难兼容。”

黄渤和 Angelababy 的容貌明显不在同一个层面上，记者将黄渤和 Angelababy 一起对比，调侃黄渤为电影的颜值担当。此刻，黄渤没有生气，反而将 Angelababy 的颜值比作另一种美，说彼此不能兼容。既没有中记者的圈套，去拿自己的颜值说事，又夸赞了 Angelababy 漂亮。

当然，在处理事情的时候，面对不同的对象，应该采取不同的方法。当面对比自己厉害很多的前辈时，夸赞对方的时候，适当放低自己也是一种会说话的表现。

在生活中，我们不能通过贬低别人来抬高自己，但是也不能一味地贬低自己去抬高别人。夸赞别人的方法有很多：可以反赞，比如对方称赞我们的时候，我们也顺便称赞一下别人；还可以用对方的成就回赠对方，当我们想要夸赞对方的时候，可以多说一些对方的成就，来达到称赞对方的目的。

当然，如果我们取得了一定的成就，稍微表现一下并不过分。但是一定要注意分寸，同时不要为了抬高自己，而肆意地贬低别人。这样做，很难在人际交往中获得他人的好感，严重了甚至还会触犯禁忌，惹来他人的厌恶，让别人孤立自己。

赞美重在不动声色

著名心理学家威廉·詹姆士说："人类本性上最深的企图之一是期望被赞美、钦佩、尊重。"可见，被赞美是人们内心深处的一种基本愿望。在日常生活中，有很多值得我们称赞的人或事。真诚地称赞别人，能够给对方的生活带来阳光和欢乐，使生活更加光彩。虽然直白的称赞，可以让对方开心，但是不动声色的称赞，更让人回味无穷。

闫妮曾经和黄渤为《斗牛》这部电影做宣传，有记者问她，和"丑星"黄渤演夫妻的感受如何？

闫妮幽默地调侃黄渤说："我跟他演夫妻，我就知道我要走向丑星的行列了。"

黄渤没有生气，而是笑着说道："我跟你演夫妻，我觉得我要走向帅哥的行列了。"

这样一句简单的话，顿时把闫妮逗乐了，并且不好意思地说以后她再也不调侃他了。

在人们的印象中，只有帅哥才能和美女搭档。黄渤对闫妮的赞美，非常委婉，含而不露，又意蕴深长！

事实上，直白、夸大其词的赞美很容易让人感到肉麻，而黄渤的赞美，委婉含蓄，构思巧妙，让人既能感受到称赞中的真诚，又不会肉麻，给人一种恰到好处的感觉。

无独有偶，一次黄渤参加《超级访问》。

戴军问："黄渤，你觉得姚晨和闫妮两位女演员，谁更漂亮？不许说她们都漂亮这种大俗话。"

黄渤看看姚晨，又看看闫妮；看看闫妮，再看看姚晨。

戴军不解地问道："你都看好几遍了。"

黄渤故作惊讶地说道："每次看都有新的发现。"

本来是戴军丢给黄渤的难题，最后被黄渤机智地化解了。黄渤的动作和说的话无不是在表明，每一次看都会发现闫妮和姚晨新的美丽的地方，这回答既能不让自己陷入两难的抉择中，又委婉地肯定和称赞了两位女演员的容貌。

还有一次，黄渤被邀请去参加《鲁豫有约》。鲁豫问道："你现在可以啊，很火啊，是吧？"

这个问题有点儿难回答，说自己火吧，会被人说骄傲；谦虚一下吧，又是"傲娇"。这时候就体现出黄渤会说话了。

黄渤："那肯定是火，你想都能坐在这儿跟鲁豫聊天了，那还不火吗？"

一句话，说得鲁豫心花怒放，脸上挂着灿烂的笑容。

我们常说赞美别人的时候要真诚，但是如果是刻意恭维的话，对方听的时候也许会高兴，不过通常不会往心里去。而且若是太刻意，还会被认为是在阿谀奉承，让对方对我们产生不好的印象。

如果我们采取间接的赞美方式，就不会让人觉得露骨、肉麻，而且不显山、不露水。看似漫不经心说出的赞美，往往让人觉得更真诚，更能打动人心。比如，我们向一位母亲称赞她的孩子长得很漂亮，再说一句和母亲长得真像，就等于在赞美孩子的同时，也间接赞美了母亲。这就是所谓的“不着痕迹，尽得风流”。

当然，我们在赞美对方的时候，也可以如黄渤一般，尽量“出其不意”地挑一些别人没有注意到的闪光点，然后说一些诙谐幽默的语言。毕竟，如果我们赞美的是对方早就听了很多遍的，同样引不起对方的兴趣。

夸人一旦变成套路，效果就会大打折扣。问题的关键，是怎样夸得“不动声色”，让对方真心感到你的欣赏，把你当成真正的朋友？下面几个小技巧，可以帮助我们。

1. 称赞对方过去的成就及所属物

“哇，你真厉害”这种直白的夸赞，听起来不免有些空洞。我们想要称赞对方的时候，如果说一些对方过去的成就或者称赞对方的所属物，比如“你配戴的这个坠子很少见，非常特别”，不动声色地称赞对方的品位很高，听起来更真诚。

2. 多问“你是如何做到的”

在夸赞对方之后，如果我们适时补上一句“你是如何做到的”，通过这种提问留下了空间，让对方可以好好讲讲自己的经历。

3. 掌握分寸，适当赞美对方

适当的赞美，是促进人际关系和谐的润滑剂；但如果是肉麻的阿谀奉承，则只会迅速地暴露出一个人的人格与企图，最终造成被人蔑视的结局。所以我们在赞美对方的时候，最好避免以对方的人品或性格为对象，要说由衷之言，不能夸大其词。

4. 可以说一些向对方请教的话

称赞对方的时候，我们在说完一件事情之后，可以加一句：“我之前也想做这件事情，但没有做到，你能告诉我怎么做吗？”向对方请教，婉转地表明，对方很厉害，达到不动声色地称赞对方的目的。

5. 针对对方潜在的一些优点去赞美

我们要注意对方的一些潜在优点并且对此加以赞美，这样会取得不错的效果。比如，你可以这样说，“你真的很细心”“没想到你不但歌唱得好，钢琴也弹得这么好”。

背后的赞美比当面的恭维更有效

我们常说“闲谈莫论人非”，意思是背后不要说人的坏话。但是，当我们想要称赞一个人的时候，背后的称赞绝对比当面的恭维更有效。

2015年，《南方人物周刊》的高级主笔易立竞在视频节目《易时间》中采访黄渤，随着话题聊到对自身位置的看法时，黄渤阐述了自己的看法，非常真诚地赞美了陈道明老师的演技并且表述了自己对其的向往之情。

黄渤说：“陈道明老师，他技术很好，你也知道他在设计、在做，但是他就是演得好，他的个人魅力足够把你牢牢摁在那儿。”

易立竞接着问他：“你曾经说过‘陈道明那样的生活才叫生活’，那是什么生活？”

黄渤回答说：“他自己的节奏把握得特别好。你很少见到他出席各种活动，你也知道大家对他的认可，他有自己的生活、朋友圈子，有自己可以施展事业的空间，而且有文化，最起码他是一个喜爱阅读的人，这就特别好。他对生活空间的安排、对松紧度的调节，会让你觉得还挺羡慕的。”

在一来一往的聊天中，黄渤真诚地表达了他对陈道明这位著名的资深实力派表演艺术家的赞扬与佩服之情。

黄渤说的这些话，从他自身的角度来说，是真心实意的表达，并且真诚地表明陈道明老师是自己在专业领域的偶像，是他在表演艺术上的追求方向之一，是对前辈的礼貌和尊重。从他赞扬陈道明老师的角度来说，听到别人在背后说的那些真心实意的夸赞之词，即使是再谦逊的人，心中也必然会产生喜悦和欣慰之情。

当然，除了赞美偶像，对于朋友，虽然当着他们的面，黄渤会拿他们“开涮”，但是在背后却会真诚地赞美，而且一旦认真讨论起来，他总会说出他们身上大量的优点。比如说，在《极限挑战》中，黄渤和孙红雷之间没少“互掐”，但是在各类访谈中，每当记者问到他对孙红雷的评价时，他都会非常诚恳地给予赞扬，而且非常到位。比如，他“嘲笑”孙红雷“智商让人着急”，可是在采访中却夸赞孙红雷其实本质憨厚、善良、踏实，是个值得信赖的朋友。

我们为人处世，当面的恭维，会让人觉得刻意；背后的赞美，反而会让人觉得真诚。背后的赞美不仅能让你获得别人的赏识，而且还能够帮助你更好地解决事情，圆滑人际关系。比如说，在生活中你想要和某个人建立友好的关系时，在背后多赞美他的优点，如果对方听到了，他就会觉得你是发自内心地在赞美他，心中就会不由自主地对你产生好感，你的人际关系便迈出了重要的一步。

或者，当你和某个人产生矛盾，想要化解却无从下手的时候，便可以在背后赞美他。如果他从别的地方听到了你的赞美，不管你们之间有什么过节，他的心中有再多的怒气，也会因为你先释放出来的善意而烟消云散。所以说，背后的赞美是魅力无穷的，它是一种为人处世的技巧。

《红楼梦》中的一段描写：史湘云、薛宝钗、袭人等用心良苦地劝宝玉好好学习，以后做官。宝玉对此大为反感，对着史湘云和袭人赞美黛玉妹妹说：“林姑娘从来就没有说过这样的混账话！要是她也说这些混账话，我早就和她生分了。”

恰巧黛玉此时走到窗下，听到了宝玉对自己的赞美，“不觉又惊又喜，又悲又叹”。从此之后，两人的关系更加亲密无间。

正因为宝玉是在背后赞美黛玉的，而且并不知道当时黛玉就在外面，就更显得这种赞美是发自内心的。如果宝玉当着黛玉的面说这样的好话，生性多疑的黛玉可能会认为宝玉是在讨好她或打趣她。

由此可见，背后说别人好话明显要比当面恭维别人效果好得多。你完全不用担心你所赞美的人会听不到你的赞美；相反，你对他人背后的赞美，很容易就会传到对方的耳朵里，对方也会因此对你另眼相看。

“另类赞美”之妙

很多人认为，赞美就是直白地冲着被赞美之人说一些好听的话，但是这种老套的夸赞别人的方式，常常会让人觉得尴尬、厌烦。就像是购物的时候导购员在你的耳边再怎么卖力地夸赞你，你听着也会觉得对方虚伪，想要立即逃离。黄渤常常会采用另类的赞美方式，给人自然真诚的感觉。

2012 年，黄渤和朱丹等一起主持了安徽卫视的《亚洲偶像盛典》。

陈思成凭借《北京爱情故事》获得了“最具潜力导演”奖。当他领完奖准备下台时，被主持人朱丹叫住了：“恭喜陈思成，我们可以聊一下吗？”

黄渤也跟着说：“对，怎么可以轻易地把你放下去呢，像你这种人……”

朱丹：“哎呦，那么严重。”

黄渤：“……长得好看也就罢了，还演得好；演得好也就罢了，你还导得好，你还要不要别人活啊！”

黄渤在说“你这种人……”的时候，言语间像是贬责一样，朱丹的语气都有些提起来了，以为黄渤要说一些批评的话。可是接下来黄渤突然话锋一转，开始夸赞陈思成。上一句听着是“贬”人的话，出人意料地转折成夸赞人的话，“明贬实褒”，实在让人想象不到，所以效果极佳。

电影《亲爱的》在宣传的时候，导演陈可辛携黄渤等主演在发布会亮相。

其中女主角赵薇演的是一位历尽沧桑“得而复失”的农村母亲，因此形象特别土，为此还吐槽自己：“我来自泥土，还带着泥土的芬芳。造型做出来我都认不出自己了，特别接地气。”

黄渤说道：“我心中的女神，‘咔嚓’一声就掉在地上了。”看着女主角土气的装扮，众人倒吸了一口气。他又接着说道：“不过扔村里怎么也算个村花吧，真是人不可貌相。”夸女主角扮相敬业长得又好看。

后来说到演技，陈可辛说女主角给他带来了太多惊喜：“10年前就希望和她合作，没想到10年后在这样一个更对的戏里合作了。她演得让我们很意外，拍戏时她在哭，我们却看着她在笑，但又很感动，那种混合的感觉很奇特。赵薇为什么能让你又笑又哭又感动，只有进影院看了才能知道。”

黄渤说自己拍的第一个镜头本来是要哭的，但没哭出来，直到第三天才哭得比较痛快，坦言掉眼泪这件事不太好掌握。更评价赵薇的哭功了得：“如果说我是密云水库，那她就是三峡大坝。这个戏很感人，但不像别的戏那样故意煽你、挠你，是自自然然的。”

黄渤夸奖女主角哭戏掌握得好，一开始说“她就是三峡大坝”，好像调笑女人爱哭一样，是个贬损的意思，但实际上结合黄渤之前说的，他演哭戏，直到第三天才哭出来，才符合剧情，实际上是在夸奖女主角的演技。

事实上，“明贬实褒”这种赞美的方式，在生活中也很常见。比如，有人想要夸奖别人时说：“你可真是个自私自利的家伙。”对方一听心中“咯噔”一下，想着是不是哪里得罪了你，结果便听见：“自私自利地把所有的痛苦和灾难都留给了自己。”这种表达方式，不仅使语言富有幽默感，还能恰当地表达出对人或者事物的喜爱之情，更有亲昵的味道。

不过我们运用这种方式要注意，“明贬实褒”是先说一些讽刺或者斥诉的话，然后话锋一转，接着引出赞许、肯定的话。在这个过程中，要注意掌握分寸，并且不要拖延，说完贬义的话，立马就引出赞许的话。若是中间停顿时间太长，可能会让对方没有耐心继续听你说接下来的话，给对方造成误会。

“对”比“不对”更让人感到愉快

在与人交往的时候，高情商的人从来不随便去否定别人的意见，因为被别人肯定永远都比被别人否定更加让人舒服。

黄渤拍完《痞子英雄之全面开战》后，和赵又廷一起去做客张小燕主持的《SS 小燕之夜》。在节目中，主持人张小燕介绍起了黄渤的经历：“他在 16 岁的时候是想当偶像歌手的，他那时候听的歌，都是小虎队啊，张学友、郭富城啊……”

说到这里，黄渤接过了话头，故作深沉地感慨道：“对，人在青春的时候都有一段迷茫（期），对自己的认识不是太清楚。”不等黄渤说完，在场的人们已经开始为他的冷幽默喝彩了。

黄渤自嘲说自己唱歌，没唱出什么名堂，但此时一本正经地说出来，然后观众们再结合张小燕提到的小虎队、张学友、郭富城等歌坛大腕们，两相对比，就产生了特别诙谐幽默的“笑果”。

在接受腾讯娱乐《封面人物》的采访时，黄渤说自己已经是一个“老藤条”了：“新木头抽芽时，才会特别容易被折断，但老藤条已然非常坚强。眼睛里揉得了沙子，才能看得更多更远。”

在生活中，总有一些人标榜自己“眼睛里揉不得沙子”，喜欢对别人的事情指手画脚。一旦有什么看不顺眼的事情，立马去否定对方，丝毫不顾及对方的感受。

有两个女孩去逛商场，其中一个稍微有点儿胖的女孩拿着一件非常漂亮的连衣裙跃跃欲试，店员正准备带女生去试，另一个女生却不合时宜地讲道：“你穿白色的太显胖了，而且和你的肤色一点儿也不搭，我们还是换一家吧。”

店员和女生都尴尬地沉默了几秒，原本兴高采烈的女生默默地放下了手里的裙子，脸上的喜悦一扫而光，情绪低落地离开了。事实上，女孩只是稍微有点儿胖而已，皮肤也不算太黑，穿那条裙子完全没有问题。

在生活中，这样的例子比比皆是。总有一种人，不管别人做什么事情，总是想也不想地就去否定别人，他们除了给别人泼冷水就没有别的事情了，好像这样就能够体现自己的存在感。

任何人都不希望自己被否定。遇到事情第一反应就是去否定别人的人，会对对方释放出负能量的恶意，让对方感到不愉快。相对于“不对”来说，“对”明显更让人愉快，当我们对着一个人说“对”的时候代表着我们对他的肯定。

在人际交往中，善意的调侃可以接受，恶意的否定却是要不得的。“大智者必谦和，大善者必宽容。”黄渤身上的品质，我们在何炅、汪涵、蔡康永等主持人的身上都能看到，他们同样的温润谦逊，涵养极佳，幽默地调侃，善意地倾听。

随随便便就去否定别人，不是直率，更不是幽默，而是一个人不会说话的表现。

子曰：“躬自厚而薄责于人，则远怨矣。”孔子的意思是，多责备自己而少责备别人，那就可以避免别人的怨恨了。一个懂得说话的人和一个不懂得说话的人的区别之一就是能否以责人之心责己、以恕己之心恕人。当我们怀着客观、公正的态度去了解对方的感受时，就能迅速拉近和对方的关系，同时也能彰显自己宽容的个人魅力。

而如果我们习惯去否定别人，就会给别人留下两个坏印象。

第一，我们否定别人，会让对方觉得我们高高在上，而且很自以为是。我们否定对方就是为了表现自己的一点点虚荣心。在这样的情况下，对方自然不会对我们产生好感。

第二，我们否定别人，是想要在别人的身上找存在感，是缺乏自信心的表现，我们是想要通过否定别人来得到别人的认可。我们常常为了别人的眼光而活，我们所谓的优越感也不堪一击。

常言道："小聪明者常常否定，大智慧者从不否定。"当我们常常对别人说"你不行，你做的事情简直不堪一提……"这种话的时候，无形中伤害到别人的自尊，让我们失去了朋友，被别人孤立……人际关系也会越来越糟糕。

如果真的想要让朋友、同事认可我们，我们要做的不是言辞犀利、高谈阔论地去否定别人，而是先给予对方肯定的回应。

具体的赞美，才能说到别人心里去

培根曾说过：“即使是真诚的赞美，也必须恰如其分。”

怎样才能让赞美恰如其分，就是赞美别人的时候要具体、确切，避免空泛、含混。对此，黄渤处理得就非常好。

在 2018 年第八届北京国际电影节的闭幕式暨颁奖典礼上，黄渤夸赞林志玲：“这属于‘三高美女’，身材高、学历高、智商高。”并说自己和林志玲是好朋友，每当在人生的十字路口纠结选择的时候，林志玲的声音都会在他的耳边环绕“前方十字路口右转，前方十字路口右转”（导航的声音），全场大笑。

黄渤称赞林志玲，并不是浮于表面，夸一句“你真漂亮”，而是切切实实地说出对方的优点，将赞美落到具体的地方。打动人心的赞美，都是需要理由的。赞美越具体明确，就越能让人觉得真诚、贴切，其有效性就越高。相反，如果我们的赞美空泛，没有明确的理由，常常会让对方觉得难以接受。

比如，我们想要夸赞一个女人的容貌，与其说她“真漂亮”，不如夸她“你的眼睛很迷人”或者“你的气质让人着迷”。因为在我们夸赞她漂亮的时候，她的内心就会产生一种心理期待：“你说我漂亮，那么我漂亮在哪儿呢？”此时，如果我们没有具体化的表述，就会让对方感到失望，也就显得我们的夸赞不真诚。

具体的赞美，表明了我们认真观察了对方，否则我们也无法说出他具体的优点。这样，会给对方一种我们重视他的感觉，也更容易让他们感受到我们的真诚，进而让对方更亲近我们。

而当我们对一个人局部赞美时，他便会更注意自己被赞美的部分，并逐渐将局部优势扩大到整体，久而久之整个人都变得自信起来。这就是我们常说的“局部的赞美也就代表整体的肯定”。

当然，为了显示我们的夸赞更真诚，我们还可以依托环境。法国总统戴高乐访美的时候，去参加尼克松特意为他举办的宴会。尼克松的夫人为这次宴会精心布置了一个漂亮的鲜花展台——一张马蹄形的桌子，上面放置着鲜艳欲滴的热带花朵，在花朵中央衬托着一个喷泉。

戴高乐从装扮上就能看出尼克松的夫人为了迎接他花了很多心思，他无比诚恳地说：“女主人真是太用心了，这么漂亮的布置得花费你多少时间和精力啊！”

尼克松的夫人听后，满脸的喜悦之情，非常满意和高兴。事后，她说：“大多数来访的大人物要么注意不到这样的事，要么不屑为此向女主人道谢，而他却不同，总是能想到和讲到别人。”

在生活中，只有最真诚的语言才是最美、最能打动人的，而只有用心观察和思考、说出具体事实的语言才是最真诚的。我们想要说出具体的赞美，也可以从下面几个方面入手。

1．可以具体赞美别人得意的事情

当我们听到或看到别人有得意之事时，接过话题顺势赞美一番，及时表达自己的欣赏之意，就可以满足对方的心愿。比如，赞美对方事业有成、家庭幸福或者赞美对方身份的独特含义……

2. 及时指出别人的变化

如果对方有了细微的变化，我们能够发现并指出来，表达出来的意思就是："你在我心中很重要，我时刻关注你的变化。"当对方身上发生的是美好的变化的时候，其内心深处也是特别想让别人看见的，这个时候我们便可以尽情地赞美对方。

3. 记住他人特别的信息并进行赞美

人生中辉煌的时刻并不多，但这些短暂的瞬间往往是人生成功的重要见证。如果你能记住并赞美这些辉煌的事情，就等于赞美了他的整个人生。这些特殊的值得纪念的日子包括生日、毕业日、升学日、结婚纪念日、升职日、获奖日……在这些日子里，给出真诚的祝福，将会让对方喜出望外。

4. 细心发现他人独特的优点并赞美

明显的优点，大家都会赞美。如果我们也赞美，会有一定的效果，但不大。而如果你赞美对方不易被人发现的优点，对方一定会喜出望外。

赞美要独特，对专业人员尤为重要，要尽量避开其特长部分，因为那些已经被人赞美过很多次，可以从他的为人等方面发掘其闪光点，效果将是意想不到的。

有趣的方言，让人听起来有喜剧感

同一个意思，用不同的方言说出来，常常能够产生非常好的幽默效果。在社交场合，高情商的人在与人交谈时，可以凭借“方言”让自己成为众人的“开心果”。黄渤，显然也非常善于此道。

在处女作《上车，走吧》里，黄渤就使用胶东方言让影片增色不少。后来，在他拍摄的很多电影和电视剧中，都有方言的运用，比如《疯狂的石头》《大灌篮》《疯狂的赛车》《斗牛》《无人区》《杀生》《民兵葛二蛋》《黄金大劫案》等影视剧。而黄渤在这些影视剧里使用的方言还不只青岛方言、胶东方言，还有陕西方言、东北方言、北京方言、天津方言、四川方言等。

在生活中的很多场合里，黄渤也都把方言运用得很到位，适时地展示了自己的方言水平，这令人在知晓他出色的语言表达能力之外，还看到了一个在语言使用上多才多艺的黄渤。

2009年，江苏卫视举办了一次特别节目，叫《康剧来了》，为电视剧《幻想之旅》作开播典礼。在《幻想之旅》中，黄渤出演了一个说着一口胶东方言的兽医。在这部电视剧里黄渤运用方言的精彩表演更是成为这部剧中一个很大的亮点。

在节目现场，主持人让黄渤表演方言。黄渤也不推辞，先用胶东话朗诵了一段徐志摩的《再别康桥》，然后又用天津话、陕西话等分别说了几句。而且，他还和一起参加节目的演员罗海琼用方言演绎了一段感情戏，很搞笑。

随后主持人提议说："来南京了，一定要说南京话。"可黄渤刚接触南京话，所以说不好。他讲自己在楼下一家小卖铺买东西，故意现学现卖，操着一口南京话跟店主交流，结果被店主说道："师傅，你刚从国外回来啊？"

但这个有趣的小故事，显然没有打消大家的兴趣，大家一致要他再说一段南京话。于是，黄渤让现场的南京观众教他说南京话，主持人想了个法子："这样吧，我们就把这首诗教给他，你们说一句，他说一句。"然后，现场的观众们集体用南京话朗诵起了《再别康桥》。再看台上的黄渤，他脸上洋溢着热情大方的笑容，同时跟着用南京话说了起来，而且有模有样。观众们都为他的发挥而热烈鼓掌。

2011 年 7 月，黄渤参加《可凡倾听》，接受主持人曹可凡的采访时，也被问到了关于方言的问题："其实人们说起黄渤，除了你的形象有特征之外，还有你的语言。比如说你在很多戏里，会说一口山东话，那是你的一个标志。我知道你除了山东话之外，其他方言说得也不错。"然后，他特意问黄渤："是不是有语言的天赋？"黄渤回道："相对好一点儿，我觉得主要是自己喜欢，在影视剧的创作里边，我觉得方言有时比普通话可能更生动一些。"

紧接着，曹可凡还出题测试起了黄渤的方言水准，他递给黄渤一张纸条，让黄渤用多种方言来读一遍。黄渤随后分别用青岛话、胶东话、天津话、陕西话、四川话读了普希金的诗歌《假如生活欺骗了你》中的几句："假如生活欺骗了你 / 不要悲伤，不要心急 / 忧郁的日子里须要镇静 / 相信吧，快乐的日子将会来临。"

虽然除了家乡方言青岛话之外，其他方言说得并没有那么好，但黄渤读得趣味横生，引得曹可凡哈哈大笑，现场的氛围也变得轻松愉悦起来。

一个地方的语言也能生养一方人的性情，各地方言或浑厚爽朗，或质朴纯真，都有各自的特色。我们也可以在交谈中加入一些妙趣横生的方言，这会给我们的语言增加一些喜剧成分，更容易达到搞笑夸张的效果。说几句鲜活亲切的方言，听起来别有一番韵味，能让人变得与众不同哦。

谈及方言，主持人汪涵曾特别有感触地说："我在湖南卫视工作了近20年，常常情不自禁地用家乡话在舞台上展现我有别于其他主持人的一面。方言让不少观众认识和喜欢我，所以我对方言也产生了极大的兴趣并怀有感恩之情，我觉得它给我带来了太多太多的东西。"

尤其是方言中的一些谚语和俏皮话，说出来更有幽默风趣的味道。比如，在《红楼梦》中，南京的方言俏皮话就被多次运用。

《红楼梦》第十四回，宁府都总管来升传齐众仆，说请了琏二奶奶（王熙凤）来管理内事，她"脸酸心硬"，大家要小心伺候。众人都道有理。又有一个人笑道："论理，我们这里面也该得她来整治整治，都忒不像。"这里面用了方言"忒"，读 tui 或 tei，意思是太、特别、很。

《红楼梦》第五十九回写道："他一翻脸，嫂子你吃不了兜着走！"在六十三回写道："回来告诉爷，你吃不了兜着走！……""吃不了兜着走！"是老南京人耳熟能详的一句俏皮话，是一种规劝与警示。

在各地方言里，有很多有趣、生动的俏皮话，平时可以积累一些。与人聊天的时候，得知对方是某个地方的人，这些俏皮话就成为很好的话题。比如，与天津人聊天，可以聊聊天津著名的俏皮话，诸如"刘二爷剥蒜——两耽误""兔儿爷掉河里了——不敢劳（捞）您金身大驾""二小穿缎儿鞋——不掸你（注：不用掸子掸，即不搭理你）"。

方言，是一个地方的特色。在社交场合，当气氛陷入尴尬时，聊聊彼此家乡的方言，不仅可以让人觉得亲切，也能够让气氛活跃起来。但要注意的是，高情商的人懂得尊重别人，不会对任何一个地区的语言抱有成见。所以，我们不能带有歧视意味地去调侃别人的地方口音。

在别人夸自己的时候，把对方一起夸了

在社交场合中，赞美别人是很常见的一种拉近彼此距离的社交手段，我们不但会去赞美别人，也会受到别人的赞美。比如你的外貌、穿着、行事风格、为人处世等其中一方面得到了别人的肯定，对方便会对你说一些夸奖的话。

情商高的人可以恰当地处理这些赞美，但是也有人会因为别人的赞美而觉得尴尬，不知道如何反应，只能不知所措地笑笑。

然而，在你感到尴尬的时候，得不到你的回应，对方同样也会陷入尴尬之中。

论起夸人的本事，马云和黄渤不相上下。当黄渤和马云初次见面的时候，马云夸赞黄渤说："我们俩颜值差不多，但他穿衣服好看。"

黄渤则打趣地回答道："因为世界上不仅仅有我一个先天条件这么好的人在奋斗着。"

当别人夸你一句的时候，你便找到对方的优点回赞，交往的气氛自然会越来越和谐，而马云和黄渤无疑是其中的行家。

微博上一段早前采访黄渤、周星驰的视频突然就火了，在短短七分多钟的视频中，两位实力派演员互相赞美，又互相打趣。

采访开始，周星驰问黄渤参演《西游·降魔篇》的感觉如何，并称制片人两次打电话给黄渤都遭到拒绝，最后只能由他亲自出马，打了两次电话才搞定。对于拒绝的原因，黄渤称是因为之前周星驰版孙悟空留给观众的印象非常深刻，他不演没人会说他不好，演了后可能会很麻烦。

听到黄渤这么夸奖自己，周星驰也没有谦虚，连连表示“是因为我演得太好，给了你压力”，并追问黄渤最后同意参演的原因。

黄渤表示，周星驰打给他电话后并没有直接要求他出演，而是问他该怎么演。因为事先看过剧本，黄渤顺势说出了自己的想法，结果周星驰给予了很大的赞赏，称黄渤的想法比自己的还好，最后说到了重点“那就这样来好不好”，直接让黄渤顿住了。

对于自己为何非要找黄渤出演孙悟空，周星驰表示自己多年前与黄渤在北京一家餐厅见面时，就曾被对方的舞蹈功底震惊，而且最终的结果也证明自己找对了人。

在媒体的报道中，片场里的周星驰总是一个很严肃，甚至有点儿暴脾气的人。黄渤还就此为星爷解释，称片场里的周星驰经常会有各种无厘头的想法和要求，特别喜欢哈哈哈地笑，现场氛围很好。

而周星驰对黄渤也是不吝赞美之词，直言黄渤的演戏点子很多，而且追求完美，经常会提出很多新鲜的想法。有一个场景，黄渤就给出了诸如跳舞、野兽、唱歌、尴尬、真诚等 30 多个版本，相当让人佩服。

当我们面对别人的赞美的时候，应该保持一颗谦虚的心，不因别人的赞美而得意扬扬，失去自己的本心。当然也不能置之不理，给对方留下一个无礼的印象。

当然，如果你善于观察并且口才很好，便可以快速发现对方身上的优点，顺势去说出一些适度赞美对方的话，甚至还可以幽默地调侃一下。如此“礼尚往来”，便能够营造一个轻松的氛围，使交谈更加融洽。

比如说，当别人称赞你今天很漂亮，你不必害羞，可以大方地向对方道谢，并且顺带夸赞一下对方今天气色很好，尤其是衣服特别适合。

在生活中，我们在面对别人的夸赞时，不必尴尬或者害羞，我们只要恰当地回赞对方，便能获得对方的好感。不过在回赞对方的时候，我们要注意下面几个要点。

1．要根据对象不同，做出不同的回应

当对象是长辈或者是上司的时候，要先感谢对方，然后表示以对方为榜样，还要继续学习。同时，在说的时候，要记住保持微笑。例如，微笑着说：“您过奖了，我还有很多地方要向您学习呢。”

当对象是朋友或同事的时候，可以大方地接受对方的夸奖，随后表示自己还有很多地方有待学习。例如，同样也是微笑着回应：“还好啦，我还有很多不足。”

2．掌握反赞对方的方法

有一个公式可以套用：感谢对方＋夸奖对方。

比如，当长辈阿姨们称赞你漂亮大方时，你也可以甜甜地回应她们：“谢谢阿姨夸奖，不过阿姨保养得可真好，又优雅，又有气质。”

阿姨们听完也会很开心，只是说几句的事情，可以让彼此都开心，何乐而不为呢？

别人夸你一句，你回夸一句，这才是社交。

3．用对方的成就回赠对方

在对方恭维自己的时候也能够用对方的成就或者过人之处反恭维对方，以达到互相恭维的效果。如有人说“您这本书真是精辟呢”，回赠“过奖过奖，您上次发表的那篇研究报告才是分析得入木三分”，等等。

评价朋友，不仅要中肯还要走心

俗话说："当局者迷，旁观者清。"越是亲近的朋友，评价对方的时候，我们越是容易越界。黄渤却从来没给过任何一个朋友负面的评价，而且对于每个朋友的优点，都能够如数家珍，总是能够非常准确地给朋友中肯的评价。

黄渤有段时间陆续和三个导演合作过。当《心花路放》《亲爱的》《痞子英雄 2》密集上映时，有记者问他与这三部电影的导演宁浩（中国大陆）、陈可辛（中国香港）、蔡岳勋（中国台湾）的合作，有什么不同的感受？

作为朋友，黄渤分别根据自己对三位导演特点的认识和给自己的印象，非常具体地给出了中肯的评价："完全不同，他们每一个人的风格要求不同，是三个不同的路子。宁浩因为熟悉，我介绍他都快介绍烦了。宁浩是标准处女座，折磨死别人也折磨死自己。以往宁浩的东西比较极致，但这次（《心花路放》）却相对比较松。以前从创作到剧本都很紧张，现在拍片比较松，这可能跟年龄、跟成熟都有关系。

"陈可辛我是第一次合作。在我心目中他一直是好导演，也是一个很聪明的导演。他会拍电影也懂得营销自己的电影。《亲爱的》一开始我以为是个文艺片，但他的拍法，找了一级演员的阵容，把这样的题材跟商业元素结合到一起。他在现场比较温和，其实他被我折磨得不轻。很多时候他觉得够了，可以了，我觉得还可以再来一下、再来一下。他在香港导演里，算是比较文艺的导演。他对内地文化的了解也比较深。我说的文化不在于风俗人情，而是现实社会状态下出现的矛盾冲突，他会有自己的一些理解。

"蔡岳勋，是三个里面最帅的导演。用台湾话说，他就是一个很"Ging"（硬撑）的导演。第一次拍《痞子英雄》用了7000万元人民币，这次拍《痞子英雄2》他又花了1亿多元人民币。这对台湾电影来说不可思议。他看起来温文尔雅，但内心很狂野。他的狂野都散发在电影上，他用惊人的勇气和魄力去尝试，《痞子英雄2》是华语电影上史无前例的电影，我们邀请到众多世界顶尖级人才来加盟。会有很多人质疑说你们怎么可能拍得过好莱坞，可是现在拍不过，咱们就不去尝试，不去挑战了吗？"

这三位都是在华语电影圈里非常著名的电影导演，黄渤都和他们合作过，而且关系也很好。记者让黄渤去评价这三位导演，如果说不知道，肯定会让人觉得做人虚假、不真实；说的话难听，无疑会得罪三位导演。进退两难之间，黄渤选择了正面回答。

从评价里我们可以看出，黄渤并不是无的放矢，也没有一味地说好话，讨好别人。而是凭借着和三位导演的相处经验，根据自己的所见所闻，从几位导演的电影特点、拍摄风格和工作态度等各方面，进行了有理有据的评价，中肯且让人信服。

在生活中，无论是对于朋友还是别的交际对象，如果要评价对方，一定要真诚、走心，实事求是。我们在现实中运用这一方法，可以参考下面几条建议。

1. 夸赞优点，稍微夸张，不失事实，语言真诚

我们在评价别人的时候，可以尽量说一些对方的优点，注意一定要是对方真实存在的优点。而且，在基于事实的基础上，稍微夸张一点儿也会起到不错

的效果。评价别人的时候，我们可以遵循“三七原则”，即七分真实外加三分夸张。在真实的基础上夸大，这样听者听起来舒服也乐意接受。

2. 用具体事例去举证

用具体事例去说明，能让你的评价更加有说服力。比如，你要评价一个人文采好，那就拿他写的一篇文章为例。如果你想夸一个人的审美眼光不错，那就以他在某个场合出色的穿衣搭配为例。

3. 言辞要温和，考虑对方的感受

当我们评价别人的时候，言辞犀利，毫不顾及别人的面子和感受，即使评价得再真实，也让人难以接受。毫无保留地表达也不是说就要毫无顾忌地说出自己所想。你在评价别人的时候，要多考虑对方的感受，换位思考一下，多站在对方的角度审视自己的发言和自己的态度。要注意，不要让你的评价变成抱怨、指责、批评，这样只会让对方从心里排斥，一个懂得说话的人从来不会在别人身上发泄自己的情绪。

“我不是在夸你，我是在嫉妒你啊”

赞美别人，并不代表要一味地去称赞别人的成绩，我们可以另辟蹊径，从自身的角度出发，比如说嫉妒对方，羡慕对方，反而更能突出效果。

黄渤主演的电影《亲爱的》在宣传的时候，有记者问他，女主角的演技怎么样？

黄渤考虑了一会儿说道：“一开始你觉得老天是公平的，后来你发现，老天爷也不是太公平。就是老天爷为什么会给一个人如此的容貌，又给了她才华，这次又认识到了她的演技，所以说老天爷还是不公平的。”

一番话把大家逗得哈哈大笑，女主角也在一旁笑得非常开心。

黄渤在这里把“公平”和“不公平”两种相反意思的词结合在一起，正话反说。而且他还很机智地把话题落到自己这里，称：“我不是在夸你，我是在嫉妒你啊！”更加凸显了女主角的演技好。

在娱乐圈中，黄渤是出了名的会夸人，而且他夸人不重样，总是能够言之有据不空洞，观察对方最渴望被认可的部分。正因如此，他的朋友遍布圈里圈外，拥有让人羡慕的人际关系。

蔡康永曾说：“别人骂你一句，你回骂他一句，这叫吵架。别人赞美你一句，你回一句赞美，这叫社交。”

但如果不论青红皂白一律说好话，会显得不够真心，甚至是阿谀奉承。如果你想给对方觉得舒服的赞美，最好再有点丰富的内涵。那么，首先你应该真心地欣赏这个人，这样，你才能发现对方身上的闪光点，并且不失时机地表示赞美。

高情商的人，具有一颗善于观察的心。在人际交往中，当你用心观察对方的优点，并且发自内心地表达赞美，友善的关系便在一言一语中逐渐建立、积累。

另外，当你赞美别人的时候，大可不必绞尽脑汁，为了夸人而夸人。比如，很多人在称赞别人的时候，喜欢找一个不如对方的人来衬托他的出色和优秀，这样的行为也许会让对方开心。但是对于话题中的另一方，便不是开心的经历了。

刘墉曾说过：“赞美人虽然是最好的说话方法，但是千万不要在赞美甲的同时伤害乙，否则必有人暗暗恨你。”真诚的夸赞，应当从心出发。但是不要进行比较，不论对方是否真的比别人强，只比较这一点，就很容易让别人陷入尴尬。

很多时候，当一个人给你积极、阳光、正面的影响的时候，你会不由自主地想要夸他。所以，我们只需要保持一双善于发现别人优点的眼睛，在不吝啬对别人的赞美的前提下，用最恰当的词汇，给对方最舒服的体验。

不管是从正面还是侧面去称赞别人，我们都要注意几个要点。

1．夸赞别人的时候应该回避他的缺点

高情商的人，在与人交往的时候，会回避别人的缺点或者缺憾。但是回避应该是不经意的回避，而非在谈话的时候，刻意告诉对方你在回避。不要用一些中性的词语去美化那些缺点，那只会让对方更加尴尬。

2. 不要说“你很像我以前的一个朋友”

很多人在称赞别人的时候，为了快速拉近彼此的关系，会说“你长得很像我以前的一个朋友”“你笑起来很像我高中同桌”等各种套近乎的话。但是，这并不能取得很好的效果。

每个人都是独立的个体，都有自己的性格和特点，没有人愿意活得跟别人一样。所以，我们在称赞别人时，要尽量避免这一类的话题。

3. 用词新颖

很多人称赞别人的时候，来来去去就那么几个词，让人觉得无聊又乏味。比如，称赞一个人好的时候就用善良可爱，然而让人一听就能听出你的不走心以及无趣。

大作家苏童用词虽然文绉绉，但是让人看起来耳目一新。他写嫁进豪门的农村妇女时用“朴拙而智慧”“浅陋单薄而又无法泯灭”；他写十多岁不谙世事的小姑娘用“欢脱”“轻灵”“浑圆有力”。

我们虽不必如此，但是可以向他学习，去改变陈词旧调，变着法夸人。

第三章

化解尴尬场面，给人台阶彰显高情商

巧妙帮别人化解尴尬，而不是冷眼旁观

在生活中难免会遇到尴尬，当你遇到尴尬时，也希望有人帮你化解。高情商的人，看到别人遇到尴尬，不会冷眼旁观，站在一旁看笑话。他们会运用自己的智慧，巧妙地给人一个台阶下。

电影《极限挑战》宣传的时候，黄渤、孙红雷等“极限男人帮”的成员参加了发布会。在发布会上，黄渤机智对答，堵得孙红雷说不出话来，气得扔了话筒走到了台下，现场一片尴尬。这个时候，黄渤却走过去拉着他的手，说道：“来来来，我就是台阶，你快踩着我上来。”

孙红雷才笑着回道：“你亲我一下，我就原谅你。”观众们哄堂大笑，现场的尴尬气氛一扫而空。

一个懂得说话的人，从来不会让自己和别人陷入尴尬。在社交场合，在与人交谈的时候，一定会掌握好说话的分寸，会让人觉得舒适，给人如沐春风之感。他们从来不会去触碰对方的痛点，即使是开玩笑，也是以不让对方尴尬为前提。当你的玩笑让别人感到尴尬时，很容易衍生出怨怼的情绪。

高情商的人，在别人遇到尴尬时，不会对此嘲笑，更不会坐视不管；反之不仅是不尊重对方，而且还很容易得罪对方。他们会巧妙地帮助对方把尴尬化解，用语言或者行动给对方一个台阶下。

这不仅能够表现一个人的幽默，也能够帮助对方脱离尴尬的境地，获得对方的好感。所以，在生活中我们经常能够发现，高情商的人人缘很好，正是因为他们在社交时能够展现出自己的良好修养和乐于助人的态度。

何炅被认为是和黄渤同样情商高、会说话的主持人。

有一次，在湖南卫视小年夜的春晚上，快乐家族的一名成员报幕的时候，当着所有人的面说错了春晚赞助商的名字，把“交通银行”讲成了“招商银行”，并且反应过来之后一脸蒙圈，不知道该说什么。台下的人，听见了也一脸不高兴的样子。

这时候，何炅马上看了眼手卡，然后笑着问道：“说实话，你是不是在外面还有别的银行卡没告诉我们？”瞬间将尴尬化于无形。

俗话说：“救场如救火。”当我们在帮助别人化解尴尬的时候，需要具备审时度势，准确把握双方的心理的技能，然后运用说话技巧，借助恰到好处的话语及时出面打圆场，化解尴尬。事实上，化解尴尬的方法有很多，下面我们具体来看下。

1. 转移话题，制造轻松气氛

如果是某个较为严肃的话题弄得双方对立，甚至阻碍交谈正常顺利进行时，我们可以通过一些轻松、愉快的话题来活跃气氛，或者通过幽默的话语将严肃的话题淡化，从而缓和尴尬的局面。

比如，朋友之间为了某个问题争得面红耳赤、僵持不下时，可以适时说一句幽默的话或者小笑话：“要把这个问题争得明白，比国家足球队赢球还难。”让双方的情绪平缓下来，在轻松的气氛中让尴尬消失殆尽，使交际活动得以顺利进行。

2．找个借口，给对方台阶下

通过一个小故事来示例：有一次，著名演员新凤霞和丈夫举办敬老晚宴，请了文艺界许多著名的前辈。齐白石老人盯着新凤霞看，看护便说了老人几句。白石老人不高兴了，说："我这么大年纪了，为什么不能看她？她生得好看。"说完，老人家气得脸都红了，弄得大家都很尴尬。

这时新凤霞笑着对白石老人说："您看吧，我是演员，不怕人看。"在场的人都笑了，场面气氛也缓和下来了。

在这里，新凤霞恰当地运用了打圆场的技巧，强调事件发生的合理性，以"自己是演员"为理由，证明白石老人看自己是正当而合理的，这样就顺利地摆脱了困境，也给对方找到了合适的理由，化解了尴尬，使交际活动能够正常地进行。

3．善意曲解，化干戈为玉帛

在交际活动中，由于每个人都是独立的个体，所以很容易因为不了解而说出一些让别人感到惊讶的话语，做出一些怪异的行为举止，造成误会，从而导致尴尬和难堪场面的出现。

为了缓解这种局面，我们可以采用故意"误会"的办法，装作不明白或故意不理睬他们言语行为的真实含义，而从善意的角度来做出有利于化解尴尬局面的解释，即对该事件加以善意的曲解，将局面朝有利于缓解的方向引导转化。

在生活中，我们常听到有人抱怨自己的人缘不好。抱怨并不能解决任何问题，应该从自身找原因。帮助别人化解尴尬，无疑是一个非常好的获得别人好感的途径。如果我们想要在社交场合如鱼得水，那么在别人遇到尴尬时就不要袖手旁观，不妨伸出援助之手。

黄渤大笔一挥，签下了“王宝强”三个字

拆穿别人，从来都不是一件明智的事情，那只会让别人陷入尴尬和难堪。一个会说话的人从来都不会去拆穿别人，比如黄渤。

有一次，黄渤刚下飞机，一个人一巴掌拍在黄渤的肩膀上，显得很熟悉的样子。黄渤回头看了看，并不认识，但是不敢多说话，怕是自己熟悉，但又一时忘掉的人。

一路上，那个人侃侃而谈：“你演那个电影，我看了很多次，我太喜欢你了。”

黄渤明白了，原来这个人是粉丝，就说：“谢谢你能喜欢。”

“我最喜欢的就是你那部，跟刘德华演的。”

黄渤一听就蒙圈了，自己什么时候和刘德华一起演过电影了。接着那个人给出了答案，是《天下无贼》，原来那个人把他和王宝强弄混了。

黄渤并没有拆穿，临别时，粉丝要求合影并签名。黄渤大笔一挥，签下了三个字：“王宝强。”

粉丝得到了合影和签名，特别高兴，千恩万谢地走了。

在被粉丝错认的时候，如果黄渤拆穿了，对于粉丝来说无疑是一件非常尴

尬的事情。自己套了半天近乎，原来认错人了，那得有多尴尬。黄渤非但没有生气，还将错就错签下王宝强的名字，没有去拆穿粉丝，不仅帮对方避免了尴尬，也避免了自己尴尬。

这件事情之后，有粉丝在微博上向黄渤提问："你会经常被错认成王宝强吗？如果被错认，你的感受如何？"

黄渤的回答，绝对是他情商高、会说话的经典表现，他回复："替宝强感到无比骄傲。"

这个问题看似调侃，实则暗藏机关，若是回答不好，会直接影响他和王宝强的关系。但他一句话，巧妙地解决了这个问题，即使是王宝强听到了，也会听着舒服，觉得开心。

在人际交往中，很多事情，不拆穿，也是一种黄金交际法则。拆穿别人，并不能证明你知道得多，只能说明你是一个不会说话的人，而且不懂得尊重别人的底线。

每个人都希望成为一个会说话、情商高的人，但真的做起来时，总会有一种无从下手的感觉。其实，方法并不复杂，就像黄渤说的"不让自己和别人陷入尴尬的境地"，就是一种高情商、会说话的表现。

高情商的人总能敏锐地察觉到尴尬者内心的孤立无援，然后及时出手，帮助对方化解，让气氛回到正常的轨道上。

著名足球明星罗本是一个攻击欲望极强的人，在一次球赛中，他死活都不愿意给队友传球。

然而，罗本越是不传球就越进不了球，浪费了多次进球的好机会，最终输掉了比赛。其他球迷对罗本的行为很是愤怒，球队的氛围一度陷入了低迷。

在赛后的发布会上，当记者采访球队教练的时候，问他如何评价罗本在比赛中的表现。

教练想了想说道：“足球是一个团体运动，输赢不在于哪一个人，而是整个团队，所以今天的失败不是哪一个人的。我想说的是，火箭上天，靠的就是整个航天团队的协调动作；如果有人只顾自己单独冒进，那么，火箭是不可能顺利完成升天任务的。”

罗本听了这一席话后，觉得非常惭愧，非常真诚地向教练和队友道了歉，从此以后改变了自己的球风，积极与队友进行配合。

教练的做法便是“看破不说破”，既给自己的当家球星留面子，又给了其他队员一个交代。如果他不分场合地指责罗本，不但解决不了问题，而且很容易造成罗本破罐子破摔，那就得不偿失了。

有人很疑惑地问道：“我说话的时候并没有想让对方陷入尴尬的意思，是不是对方太敏感了？”但事实上，有时候你无意中的一句话，可能正好拆穿了别人，触碰到了对方的雷点。

比如，别人正在讲一个特别好玩的事情，你过来说：“哎呀，这个事情昨天不是已经讲过了吗？”让整个场面都陷入了尴尬。

或者说，你们正好好地聊着天，忽然走过来一个同事，也想加入你们。他刚一说话，你们就都沉默了，没有人接他的话茬。这个时候，你说：“哎呀，我们说的并不是这件事情，你还是别插话了。”对方尴不尴尬？

又比如，你参加一个聚会，在大家正聊在兴头上时，你却不合时宜地和另一个人说：“你欠我的钱啥时候还？”被当众追债，绝对是一件令人非常不爽、尴尬的事情。你可能说：“这只是我的无心之失，见到人顺口一问罢了。”但是，对方却因为你的话无比尴尬。

不去拆穿别人，是对别人的尊重，是做人的底线，是人际交往中的最好态度。这样既不会让别人尴尬，也能够尽量避免让自己尴尬，能够促成一段轻松舒适的人际关系。当然，这样做了之后，对方也会有眼色地不去触碰你的痛点，避免让你陷入尴尬。

即使是开玩笑，也一定要拿捏好分寸，以不让对方陷入尴尬为前提。很多时候，一旦某个玩笑涉及对方的隐私，让对方感到尴尬了，对方便会生出怨怼的情绪，对你的人际交往没有任何益处。

拒绝要有技巧，不要伤了对方的面子

研究调查发现，“不”是人们生活中最难说出口的一个字眼。在社交场合，很多人在别人请求他帮忙的时候，碍于面子不好意思拒绝他人。即使他心里并不情愿去做这件事情，因为害怕得罪人还是去做了。

这种“不知如何拒绝别人”的现象，在生活中经常能够看到。高情商的黄渤拒绝周星驰的经历，给我们“如何拒绝别人”上了生动的一课。

当初，周星驰找黄渤演《西游·降魔记》里的孙悟空，黄渤拒绝了好几次。因为黄渤认为周星驰演的至尊宝已经深入人心，自己再努力也只是事倍功半。于是，他拒绝的时候说道：“您这座山太高了，我翻不过去。”

听了黄渤的话，周星驰不仅没有因为他的拒绝而对他产生罅隙，反而更加看重黄渤，并且认可了黄渤对角色的理解，最终给观众们呈现了一个与以前完全不同的孙悟空。

因为这种拒绝的话是捧着说的，是一种后辈对前辈的敬仰之情，是以对方的优秀为拒绝的出发点。即使你拒绝了对方，对方也会因为你的认可而产生愉悦感，心中怎么会生气、记仇呢？

在生活中，很多人将“拒绝别人”当成是一件非常难的事情。的确如此，拒绝别人确实是一件特别考验情商的事情。

然而，我们并不需要为“不会拒绝别人”而觉得难过，因为人类天生就不擅长拒绝别人，所有人都希望得到别人的认同。而且，在我们的进化过程中，只有那些善于与别人合作、受到部落人喜欢的人才能生存下来。所以，为了获得最大限度的存活，在我们的大脑中会设置一些机制，来减少这种“拒绝”行为的出现。

但是，随着社会的发展，有时候“不会拒绝别人”反而会给我们自己的生活造成麻烦。比如说，朋友向你借钱，但是你的存款不多，并不想借给他；朋友邀请你参加饭局，可是你劳累了一天，只想早早回家休息；同事向你请求帮助，但是你还积攒了一堆工作没有做完……

面对这种小请求，或者那些超出自己能力的请求，答应了，为难的是自己，不答应，又不知道该怎么拒绝对方。因为拒绝了对方，你的心中便会产生一种内疚、亏欠对方的感觉，同时还会担心对方认为你不够朋友。

人们想要做出违反本能的行为是非常困难的，我们不愿意或者说是害怕对别人说“不”，因为相比于“同意”“迎合”，拒绝需要消耗一个人更多的能量，运用到更多技巧。

但是这样的行为做久了，你不但不能赢得别人的尊重，反而会让别人得寸进尺，无论什么事情，都会请你帮忙。反正，你也不懂得拒绝。

说“不”，也许是一件困难的事情。但是高情商的人懂得如何幽默地去拒绝别人，不仅不会让对方产生不愉快之感，反而让对方为你的幽默鼓掌。

萧伯纳是著名的文学家、语言大师，他的文采获得了很多人的青睐。有一位非常漂亮的女舞蹈家在看过萧伯纳的文学作品后，深深地被他的才华所折服。

于是，舞蹈家给萧伯纳写了一封热情洋溢的情书：“亲爱的萧伯纳先生，如果我们俩能够结婚，那将对我们的后代和优生学来说是一件非常好的事情。你想想看，将来我们生的孩子拥有你那样的智慧和我这样的外貌，该是多么完美啊！”

萧伯纳并不愿意和对方产生纠葛，但直言拒绝一位女士的求爱，是一件非常不绅士的事情。

于是，机智的萧伯纳回信写道：“可是你要知道，一切皆有可能，万一那个孩子只有我这样的容貌和你那样的智慧，那可是非常糟糕的事情！”

萧伯纳用另外一种可能——“孩子继承我的容貌和你的智慧”，半开玩笑地表达了自己的拒绝。这位舞蹈家收到萧伯纳的回信，一定会理解萧伯纳的用意，即使他拒绝了自己，也不会恼羞成怒。

拒绝别人是一门很高深的学问，高情商的人拒绝别人的时候从来都不会让对方感觉到不愉快。在生活中，有那么多需要我们说“不”的事情，我们不妨摒弃常用的“不行，我不能做”这种直接的拒绝方式，学习一下“如何拒绝才能不伤害别人”。

1. 在拒绝对方的时候，先给予尊重

有时候，让人不舒服的并不是拒绝行为本身，而是你拒绝时的态度和所用的语言。只有尊重对方，在你拒绝他的时候，他才会表示理解。

2. 衡量双方的关系，把握尺度

每一个人的心中对于和自己关系不同的人，都有着比较精确的距离感。在拒绝他人的时候，要根据亲疏远近的不同，准确地使用语言、掌握尺度。既不过分亲密，又不过分疏远。

3. 拒绝的时候，清晰地说明自己的原因

拒绝别人的时候，最忌讳模棱两可。如果不给对方一个拒绝的理由，对方就会因为你无缘无故拒绝他，而认为你这个人不可交。所以，不论是什么原因拒绝对方，你都要清楚地告诉他。

4. 拒绝的时候，从赞美对方的优点出发

每个人都喜欢听好话，希望别人认同自己。所以拒绝别人的时候，不妨找出对方的优点，承认自己不如对方，所以不能答应对方的请求。

在生活中，高情商的人用实际行动证明，有技巧的拒绝能够在不伤及对方颜面的情况下表达清楚自己的意思。所以，我们不妨学习一些语言上的技巧，坚定地对一些不合理的要求说“不”。

避免尴尬，不合时宜的玩笑坚决不开

“开玩笑”在人际交往中，是拉近彼此距离的有效手段。在生活中，幽默的人会和刚认识的人在交谈的时候，开几个有趣的小玩笑，来打破沉默尴尬的气氛。

不可否认，在和高情商、幽默的人交往的时候，永远不用担心冷场。然而，还有很多人，在和人交谈时，常常开一些不合时宜的玩笑，让场面陷入尴尬。

黄渤当然也常会遇到一些尴尬的玩笑，不过他总是能凭借着自己的高情商将这些尴尬化于无形。

黄渤被邀请为第 50 届金马奖颁奖典礼的颁奖嘉宾。在这次颁奖典礼上，黄渤遭到了很多的刁难，也让观众们见识到了黄渤幽默的高情商。

在典礼后半段的时候，主持人蔡康永以半调侃的姿态对黄渤说道：“黄渤，记住金马奖是我家的，不是你家的！”

蔡康永的话刚说完，坐在台下的刘德华和张曼玉等大牌明星，都露出了尴尬、惊异的表情。

黄渤这时候面对蔡康永的刁难却不慌不忙地说道：“你也不是一个人在战斗，你还有一匹马。只见过人骑马，还没见过马骑人呢。”

这句话是根据典礼一开始，蔡康永走红毯的时候穿着的那件衣服说的，实在是一句精彩的反击。既保住了颜面，又给了对方台阶下。

听了黄渤的话，台下的观众顿时爆发出笑声和热烈的掌声，就是蔡康永也忍不住大笑了起来。

英国作家路易斯写过一本小说叫《魔鬼家书》，在书中，魔鬼发现现代人有个通病：言谈时必有戏笑嘲讽之词。

确实如此，在现代生活中，很多人喜欢在聊天的时候用他人的隐私与短处来开玩笑。比如：

对胖人说道："你现在怎么越来越胖？现在去游泳都不用带游泳圈了。"

对矮子说道："哎呀，你怎么又变高了，是不是在鞋子里面垫增高鞋垫了？"

对刚做母亲的人说道："没想到你长得不怎么样，生的小孩倒是很漂亮。"

对单身女性说道："你看看你妆化得也太浓了吧？这样是不会有男人喜欢你的。"

……

如果对方因此生气了，他们不但不会认为是自己说的话太过分，反而怪罪别人不懂得幽默，美其名曰"活跃气氛""这是玩笑你懂不懂"。

然而，用别人的痛处和隐私开玩笑，并不是幽默，而是一种情商低的表现。更过分的是，他们声称是性格直率爽朗以期得到对方的原谅，这种行为无异于一种道德绑架。

有人曾说："玩笑开得好是艺术，开不好就是往别人的伤口上撒盐。"等到别人的痛处被戳到，再没有什么诚意地说一句，"不要生气嘛，我只不过是开玩笑而已"。这已经不是情商低，而是人品有问题。你要注意，想用开玩笑去活跃气氛，并不代表着你可以口无遮拦。

弗洛伊德曾说："没有所谓的玩笑，所有玩笑都有认真的成分。"所以，如果关系不到，你就不应该乱开玩笑。即使是很亲密的关系，开玩笑的时候也应该注意底线。

好的玩笑能够给人如沐春风之感，有一个朋友曾经讲过发生在她身上的一件小事。有一次她去吃饭，正好是饭店最忙的时候，等了很久。朋友就问服务员还要等多久，服务员说道："像您这样漂亮的姑娘，只要再等一分钟。"

服务员的一句玩笑话，将朋友之前等待的浮躁感一扫而空，然后愉快地坐在那里度过了剩下的等待时间。

生活中，我们要学会换位思考，别人用你的短处开玩笑的时候，你也会生气。以己度人，当你用别人的短处开玩笑时，别人也会产生同你一样的不愉悦之感。

开玩笑时，注意场合尤为重要。如果在一个严肃的场合中，大家都在商议非常重要的事情，你却不合时宜地开玩笑，会给人留下不庄重的印象。有时候，甚至还会给自己带来麻烦。

米兰·昆德拉曾写过一本叫《玩笑》的小说，小说的主人公叫路德维，是一名党员、学生会干部，一个前途无量的青年。

在学校的时候，他喜欢上了一个姑娘，听说姑娘要去参加党员培训班，就写了一张明信片送给她。在明信片上他写道："乐观主义是麻醉人民的鸦片。"

他的本意是想和姑娘开个小玩笑，以此来显示自己的幽默风趣，吸引姑娘的目光。然而当时的政治氛围浓厚，讲究"高度严肃的乐观主义"，这样的话说出来简直是"反动"。

他喜欢的是一位非常严肃的姑娘，看到明信片上的话之后，她立马将明信片上交。路德维因此受到批斗，最终被流放。

这个不合时宜的玩笑，成为他一生悲剧的源头。

《傲慢与偏见》中有句话是这样说的："要是一个人把开玩笑当作人生最

重要的事，那么，最聪明、最优秀的人——不，是最聪明、最优秀的行为——也就会变得可笑了。”

真正的玩笑是：当事人也觉得有意思，并且是建立在彼此够熟基础上的玩笑，才叫玩笑。

如果你想成为一个有趣的高情商之人，便要学会在合适的场合开合适的玩笑。无论是在生活中，还是在职场上，只有恰到好处的玩笑才能让你拥有一个好的人际关系。我们开玩笑的时候要看场合、讲分寸。

同时，如果遇到别人恶意拿我们的痛处开涮，不必忍让，直接机智地怼回去。

妙语圆场，不逞口舌之快

很多人奇怪，娱乐圈中那么多俊男美女，为什么偏偏黄渤这样一个颜值不高的演员，反而能成为一个家喻户晓、受人喜爱的大明星？

其实，这并不难理解，黄渤的高情商在圈里圈外都是非常有名的。他说话幽默风趣，常常给人带来快乐。他的高情商，让他看破不说破，关键时刻帮助别人化解尴尬。

《极限挑战》是一个非常火的综艺节目，“极限男人帮”的几个演员也给观众们带来了很多的欢乐。

其中有一期，节目组发布的任务是让黄渤等人用棉被运冰。大家都在一致努力的时候，有一个演员那里出现了问题。他认为不能用棉被来运冰，因为用棉被捂着会更热，加速冰的融化。

其实并不会，这是个非常简单的物理问题，热力学第二定律——物体温度的变化源于物体之间的热传递。

但是众人给这位演员解释了半天，他依然不懂。之前这位演员就在节目中说过自己的经历，因为从艺比较早，所以他的文化知识没有那些教授级的演员丰富。因此，对于“棉被运冰”的原理，他并不知道。

就在众人无奈的时候，黄渤站起来说道："看来我们真是生长环境不同啊！"

这句话并不是嘲笑他，而是说他们的年纪比这位演员大，他们在小的时候经常用棉被裹冰块玩。而他的年纪比较小，所以没做过这样的事情，才会不懂。

明明已经看破，但是黄渤从来不会为了自己一时的痛快而去逞口舌之快，充分顾及演员的面子，不让场合陷入尴尬之中。这样的人，又怎会让人不喜欢？

在生活中，有很多人都喜欢逞口舌之快，并且对此津津乐道，得意扬扬。然而，仔细观察我们就会发现，这样的人往往人缘很差。生活中那些高情商的人，往往都会慎言畏出，缄默守声，不随意表达自己的心声和对外界事物及其他人的看法。

即使迫不得已，他们也会用一个让人舒服的语言，幽默地表达出来。

逞口舌之欲，很多时候是在别人的伤口上撒盐。为了自己的一时痛快，不分场合乱说话，严重时甚至会丢掉自己的性命。

夏允彝在《幸存录》中曾记载了这样一个故事：明朝的宦官魏忠贤作恶多端，有一位姓徐的术士和朋友们喝酒的时候愤愤不平地说道，魏忠贤肯定不久就会倒台。众人畏惧魏忠贤的权势，于是劝他说话要慎重，不然会招来灾祸。

那人却大声说："魏忠贤虽然专横，但他总不能把我剥皮，我怕什么！"

结果到了夜里众人熟睡的时候，忽然有人闯了进来，把那位随口说大话的人逮走了。第二天，魏忠贤就召见了其余的人，说道："这位说我不能剥他的皮，今天不妨试一试。"然后以极其残忍的手段惩罚了那个说大话的人。

那个人仅仅是为了自己一时的口舌之快，就这样失去了珍贵的性命。

喜欢表达是人类的天性，当人们的身边发生了一件事情的时候，就喜欢聚在一起对这件事情评头论足，即使这件事情和他们并没有什么直接的利益相关，他们依然对此滔滔不绝，乐此不疲。

若是别人因为自身的问题来请教，那更是当仁不让地揪着对方的错处进行

“演讲”。为了说服别人，他会不断找证据来证明自己的想法是正确的，丝毫不管他犀利的言辞会给对方带来多么大的打击。

孔子有一个弟子叫作颜回，他立志要成为像他的老师那样的儒家学者，便事事苛求自己，也以同样的标准来要求别人。

有一天，颜回走在路上，看到有两个人在布店里激烈地争吵。颜回有些好奇，上前一问，原来是因为价钱起了争执。

卖布的人说每尺布三文，九尺应该是二十七文；而买布的人却说应该是三九二十五文。颜回上前毫不犹豫地指出买布的人算错了。

买布的人听了很是不服气，嚷嚷着要找颜回的老师孔子评理，说如果孔子认为是“三九二十七”，他自己就输掉人头；颜回跟他打了这个赌说，若是“三九二十五”，他就输掉头上的帽子。

等他们找到孔子之后，孔子问明情况，说“三九二十五”是对的，所以买布的人是正确的。于是颜回听从老师，把帽子给了买布的人。

等到买布的人走了之后，颜回不解地问孔子，为什么要这样说？

孔子说道：“你输了不过输个冠；若他输了，那是一条人命。冠重要还是人命重要？”

若是孔子像他的学生颜回一样，喜欢逞口舌之快，那失去的将是买布人的性命。若是如此，他也就不会成为人们口中的圣人了。

其实，我们仔细观察就可以发现，生活中那些喜欢逞一时口舌之快的人，大多都是心浮气躁又喜欢指责他人的人。在他们的眼中自己的一时痛快才是最重要的，从来不会考虑别人的感受。

然而，这样的行为常常是人际交往中矛盾产生的源头。因为一方在逞一时口舌之快时，说出的话往往是带着情绪的，很容易伤害到对方的自尊心。而另一方不甘忍受羞辱，便反唇相讥。你来我往之间，如火如荼，最后甚至大打出手，酿成祸端。

如果我们想要成为一个高情商的人，必须改掉逞一时口舌之快的坏习惯，不断培养自己的耐性，学会换位思考，站到对方的立场上考虑问题。

对方说错话，顺手给个台阶下

生活中并没有完美的人，在社交场合，很多人难免说错话，相比于当场指责他人的错误，让对方陷入尴尬之中，顺手给对方一个台阶下，才是一种高情商的表现。

黄渤被邀请作为《娱乐百分百》的嘉宾参加录制的时候，现场的气氛很是热烈。在和观众互动的环节，有一个粉丝得到了上台和黄渤进行近距离接触的机会。

结果可能是太紧张的缘故，粉丝上台就喊错了黄渤的名字。

因为粉丝的错误，现场的气氛陷入尴尬。粉丝并没有意识到自己的错误，但是也感觉到气氛的不对劲，局促不安地站在台上。

这时候，罗志祥在旁边问道："说说你的偶像是谁。"

粉丝大声地说道："黄浩老师！"

显然粉丝还没有意识到自己的错误。

罗志祥诧异地说道："黄浩？是黄渤老师吧？！"

这个时候，粉丝显然意识到自己叫错了偶像的名字，不知所措地站在原地。但是，黄渤并没有生气，而是笑着对粉丝说道："哎呀，一看您就是崇拜我很久了，其实我以前的名字就叫黄浩。”

听到黄渤的话，台下响起了掌声，台上的那个粉丝也激动地看着黄渤。

在生活中，没有人是完美的，每个人都难免因为一时的糊涂而做出一些不适当，甚至是错误的事。尤其是与人交往时，当别人犯错而他并没有意识到的时候，如果你直言指出，很可能会导致对方当众出丑，伤害到对方的自尊心。

法国哲学家、文学家伏尔泰曾经说过：“自尊心是一个膨胀的气球，戳上一针就会发出大风暴来。”

人在被伤害到自尊心的时候，会做出什么事情是非常难以预料的。所以，我们必须避免这种情况的发生。当发现对方的错误时，一定不能去触及对方的敏感区，避免对方当众出丑。高情商的人，遇到这种情况，避免社交风暴的最佳策略之一，就是给别人一个台阶下，帮别人看住面子。

就像黄渤在面对粉丝的错误的时候，没有纠正，也没有生气，反而顺水推舟地将自己的名字改成“黄浩”，挽救错误的同时也提升了自己的名声。

黄渤曾经在《星空演讲》上说过：“一个高情商的人，往往不会让自己和别人陷入尴尬。”

当别人陷入尴尬的时候，给对方一个台阶下其实很简单，有时候一句话就能够做到。比如说，有人在你的面前跌倒，你不能指着对方嘲笑说：“真是笨，这么平的地也能摔倒。”而是要说一句：“哟，这是刚来地球不适应引力吗？”

一句幽默的玩笑话就能把众人的注意力引到你这边来，众人哈哈一笑，便不会去关注对方的跌倒。很多时候，帮助别人化解尴尬是一种有智慧的美德，也会让你得到别人的信任和好感，收获一个更好的人际关系。

帮助别人化解尴尬，就是给对方留下了面子，也就是尊重和重视对方的表现。当你给别人面子的时候，对方也会投桃报李变得更加容易接近，你就可能多了一个朋友。而当你反驳别人的时候，对方心中就会对你产生不满，甚至是怨恨，你就可能创造一个敌人。

说起娱乐圈中高情商的人，除了黄渤，还有一个人不得不说，那就是何炅。论说话和救场的艺术，他已经修炼到了炉火纯青的地步。几乎每个人提起他，想到的都是暖男、情商高、好人。

有一次，何炅被邀请去主持一档很火的综艺节目《幻乐之城》。那一期的嘉宾是韩雪，因为演出出现意外，导致她在场上表演的时候出现了失误。

韩雪本身是一个很敬业、很努力的演员，看到因为自己的失误导致演出失败，她非常自责，当场就哭了。台下的气氛，也因为韩雪的一系列动作陷入了尴尬之中。

这个时候，何炅及时发挥了他的高情商。他并没有直接去安慰韩雪，而是走向前，对着观众们问道："喜欢韩雪演出的举左手，看出穿帮的举右手，认为穿帮不影响演出的请鼓掌。"

结果，全场的观众都鼓起掌。

韩雪也随之破涕为笑，顺着何炅给出的台阶化解了自己的尴尬。当这一幕播出的时候，网上很多网友就开始疯狂地为何炅点赞，夸赞何老师情商真不是一般的高。

为什么黄渤和何炅的人缘那么好？因为不管是谁，都喜欢和在关键时刻帮助自己化解尴尬的人相处。情商高的人，就是会让人感到舒服。他懂得在什么时候说什么话，也懂得看人脸色，更懂得给别人台阶下。这样既能显示出他们的幽默，也能帮助对方脱离尴尬的境地。

当然，在帮助别人化解尴尬之后，如果对方还没有意识到自己的错误，我们也可以私下将对方的错处委婉地暗示给他。但是，要注意点到为止，不可太过直言不讳，要维护好对方的面子。

主动接过话题，化解尴尬氛围

在与人交谈的时候,如果遇到了冷场怎么办？不同的人有不同的处理方式，高情商的黄渤的处理方式就是：主动接过话题，在无形中化解对方的尴尬，让人折服。

有一次，黄渤连续接受了十几个小时的采访，非常疲劳。其间出了点儿意外，谈话中断了。等到再回来的时候，因为之前说过的话太多，两个人都有点儿想不起刚才聊到哪儿了。两个人相对无言，气氛变得有些尴尬。

正当记者不知所措的时候，黄渤主动说道："我们刚才谈到哪里了？唉，我也有点儿想不起来了，别急啊，我们再慢慢聊，我先说点儿其他方面的，你看看有没有用？"

黄渤的这个举动，让记者很感动。

访谈的时候最怕的就是冷场，尤其是做现场直播，如果明星不能及时做出回应，出现冷场的情况，不论是对主持人还是明星来说，都是重大失误。

但是，和黄渤在一起的时候，便不会出现这种问题。他在过往的经历中做过舞蹈班教师、全国巡回驻场、开店做生意等工作，什么都见过，都承担过，拥有非常丰富的经历，在无形中练就了接住话题、照顾别人的本事。

他害怕别人尴尬远胜于自己尴尬，所以，一旦遇到一些意想不到的情况，他总能发挥自己的聪明才智，及时救场。因为总是如此，黄渤还戏称自己是“服务型人格”。但是无疑，这样的黄渤，总是能够给人安全感和信赖感，让人更愿意和他交往。

社会是一个大熔炉，每个人都不可能独立在社会之外。研究发现，若是一个人长时间不和别人交往，常常会因为孤独而产生心理疾病。由此可见，社交对于人们而言是多么的重要。

有的人，在和别人交谈时一个接一个的话题，幽默有趣的语言不断地蹦出来，永远不会让气氛有冷下来的时候。而有一些人，则一聊天就冷场，或者经常说一些不得体、不合时宜的话，让气氛陷入尴尬。

一场聊天是否愉快，取决于聊天的人是否拥有高情商。高情商的人总能给人如沐春风之感，和他们聊天的时候，你永远不用担心会冷场。他们非常善于找话题，而且很是善解人意。

何炅曾经说过这样一句话：“在娱乐圈中，情商真的很重要，有好的颜值可以让你很快地出头，但是要想走得长久和走得稳，我觉得还有一点就是相由心生。如果这个人他不是那么聪明，情商不高的话，他很容易就会在某一个状态下，样子变得不好看。”

何炅曾和很多明星一起合作过，他们常常说和何炅一起做节目，永远不用担心自己出错，因为他总能在你出现错误的时候及时把你拉回来。有时候，他甚至会通过自黑来帮助别人化解尴尬。

何炅是《奇葩大会》的主持人，在录制的过程中遇到过各种人。

有一次，上节目的是两年前海选被淘汰的年轻选手冉高鸣，他这一次带着无限的信心重新杀回舞台。当天，他要演说的主题是：没有录制《奇葩说》，我的生活有多苦。

然而，也许是因为对节目的执念太深，导致他过度紧张。冉高鸣在演说的整个过程中都显得慌乱又用力过度，形式大于内容，就像是一个用尽全身力气在控诉过去两年经历的怨妇一样。

对于他的演说，一个评选人直接打断并且对他进行了委婉的“训斥”。明眼人都能看出冉高鸣的慌乱和失落，现场的气氛一度降到冰点。

就在现场寂静无声的时候，何炅站了出来打圆场。他很照顾选手的感受，并且用同理心站在冉高鸣的角度说道：“我对你有一种特别亲切的感觉，因为我来这儿之前，也是紧张到不行。”

然后何炅就从另一个评选人那里将话题接了过来，并对冉高鸣进行了友好的评判。效果也很明显，冉高鸣听了何炅的话之后，稍微放松了下来。而现场的气氛，也重新变得热烈起来。

何炅的话，一方面是说出了选手的心声，帮他为自己的表现找到了一个很好的理由；另一方面又不动声色地“捧”了节目组，表示他对这个节目的重视。可谓是双赢。

我们在社交场合想要发展人际关系，就必须要学会聊天。那么，我们在聊天的时候应该注意什么呢？

1．大胆地表达自己的真实主张

一味低姿态并不能让你获得真正的尊重和认可，甚至可能会让别人看低你。只有如实地表现出真实的自己，才能让别人有机会看到真正的你。

2．不要过于害怕自己的想法和别人不同

每个人都有不同的想法，事实上只有思维的碰撞才有可能让你们加深对彼此的了解。所以对于你真实的想法，即使和对方不同，也不需要顾左右而言他。但在表达想法的同时要记得顾及对方的感受。

3. 培养自己的同理心和敏锐性

不断培养自己的同理心和敏锐性，你才能在和别人交谈的时候顾及对方的感受，并且在发现话题越来越少的时候，及时找到新的话题，使交谈不会冷场。

在很多时候，主动接过话题对于我们来说并不是一件非常困难的事情，这样不但可以化解别人的尴尬，而且还能让我们获得别人的好感，同时，让我们获得他人的注意力。在生活中，我们可以发现，高情商的人不会对别人的尴尬视而不见。这样的人，在社交场合中才更能获得他人的好感，拥有更好的人际关系。

关键时候，巧妙帮人摆脱窘境

陷入尴尬的人心中都会想，如果这个时候，有人能来解救自己一下就好了。高情商的人不仅能避免自己陷入尴尬，更懂得关注别人的处境，帮助别人化解尴尬。

黄渤主演的电影《亲爱的》按照惯例在上映之前进行宣传，这次的宣传地点是某所大学。由于影片很催泪，于是有人向导演陈可辛提出了疑问："请问，看电影的时候用手纸和手绢哪个擦眼泪更好？"

陈可辛导演非常耿直地说道："我觉得其实根本不需要擦。"

可能他的意思是说，感情自然流露就好，但是这么直接的话，有点儿间接否定学生提问的意思。这让提出问题的学生陷入了尴尬，一时之间不知道该怎么接下去。

就在现场一片安静的时候，黄渤跳出来说道："有一首歌是这样唱的，叫'甭擦擦，甭擦擦'。"

话刚落下，现场的观众一下子就乐了起来！就连陈可辛听了黄渤的话，也哈哈大笑，气氛顿时轻松起来。

在生活中，帮助别人摆脱窘境是一种智慧，一种美好的品德，更是一种做人的周全，一种人性的柔软。高情商的人人缘往往会很好，就是因为他们从来不会让别人陷入尴尬之中，他们的内心常常珍藏着丝丝善意。

我们经常听到有人抱怨自己人缘不好，抱怨生活的不易，抱怨人与人之间的不理解。但是他们从来没有在自己的身上找原因。没有人会和让自己不舒服的人交往，他们在举手投足之间表现得让别人不舒服，别人自然会远离他们。在交往的时候，别人即使碍于面子表现出融洽的一面，也不会放下心中的戒备。

事实上，在关键的时刻，帮助别人解决尴尬也证明了情商越高的人，越具有同理心。他们往往体察别人的所思所想，以己度人，善于站在别人的立场上思考问题，并根据他人的情绪做出合理反应。

这并不仅仅是一个人有教养的表现，更是一种很重要的生活能力。

那些成功的企业家，他们在待人接物的时候，所表现出来的情商和风度，不得不让人叹服。像著名企业家李嘉诚，在宴请宾客的时候，为了让所有的宾客心里都舒服，他以抽签的方式让宾客入座，彼此不分尊卑。而且为了不怠慢每个人，李嘉诚还让服务员在每个桌席上都摆放一副空碗筷，自己在每处坐 15 分钟。

同样地，林志玲在娱乐圈中也被公认为情商很高。她是模特出身，身高比圈子里的很多男明星都要高很多。所以，在和那些比她矮的男明星合影的时候，为了不让对方难堪，她都会自觉地弯腰屈腿，不会给人“高高在上”的感觉。

曾经有人说过这样一句话：“成功人士的伟大，不只因为他们曾出现在伟大的事业中，而是在为人处事的细节中。”我们可以发现，凡是情商高的人，他们的成就通常都不会太差。而那些从不为别人感受考虑的情商低的人，他们往往很难成功。

一次，德国柏林空军军官俱乐部举行盛宴，为空袭英国凯旋的飞行员庆功，一名年轻的服务人员被派去给空战中的英雄斟酒。

可能是过于紧张，这名服务员竟将酒不小心淋到查尔斯将军的头上了。

查尔斯将军是一个秃顶，红红的葡萄酒洒在光光的头上显得极为突兀。这时大家都怔住了，屏住呼吸注视着查尔斯将军和旁边呆若木鸡的服务员。

只见查尔斯将军用旁边的餐巾抹了抹头，然后哈哈大笑，站起来幽默地对那名闯了祸的服务员说："小伙子，你以为把酒灌溉到我的头上，就能长出头发了吗？"

全场的紧张气氛被这句话一扫而光，大家的注意力又回到了宴会上面。事后查尔斯将军也并没有为难那名服务员。

社会学家乔治·赫伯特·米德曾说："当我们能够想象自己在他人心中的形象时，自我就出现了。"同样的道理，如果你想要有一个好的人际关系，那么你就要学会帮助别人解决尴尬。时间长了，你就会发现你的人缘自然而然地变好了，你也能收获更多的成功。

心平气和，见招拆招

在很多人的认知中，明星就应该是男的俊、女的美。比起那些长相俊美的男明星，黄渤的颜值有些低，这也成为别人嘲笑他的理由。即使黄渤已经成为影帝，有时候遇到记者采访或者是参加节目，依然避免不了别人对他“颜值”的调侃。

有一次，黄渤穿了一件白衬衣去参加电影发布会。

在接受采访的时候，记者针对黄渤的穿着问道：“你今天怎么穿成这样？”

黄渤对这样的问题已经驾轻就熟，回答道：“今天是把本质的东西散发了一下。”

记者依然不放弃，继续问道：“那你的脖子上为什么还要拴三根绳子啊？”

这话说得有些过分，但黄渤依然没有生气，而是说道：“这是鞋带的另外一种系法。”

其实，身处娱乐圈中的明星，避免不了来自外界的各种刁难，尤其是来自那些娱乐记者的刁难。他们为了写出更吸引人、更能抓住读者眼球的文章，在采访的时候往往会提出各种刁钻的问题，甚至会专门抓住你的缺点不放。如果正好那天你心情不好，因为记者的问题而发怒，那就正中他们的下怀。

黄渤正是因为明白这个道理，所以即使对方提出再刁钻的问题，他依然能够用幽默的语言回击。同时，诙谐幽默的语言，还能不断为对方带来笑料，对方获得了足够的新闻之后，也就不会再继续为难下去。

这种情况不仅仅出现在娱乐圈的明星身上，在现实中，我们也可以经常发现这种现象。每个人都是独立的个体，总会因为自身不同的想法、立场或价值观而和别人发生矛盾。有了矛盾接下来便会有争吵，你来我往进行口舌之争。若是如此还不解气，接下来便是大打出手，进行肉体和精神的双重攻击。

这样，或许可以出一时之气，但是对于问题的解决并没有任何的帮助，严重时还会造成不可挽回的恶劣影响。

拥有高情商的人，在面对别人故意刁难的时候，他们的理智不会被负面情绪所控制，不会歇斯底里地对着别人大喊大叫。他们往往心平气和，见招拆招，用诙谐幽默的语言作出有力的回答，然后，用自己的高情商让对方心服口服。

很多时候，别人之所以会揪着我们的弱点不放，就是因为对方清楚地知道，这些弱点是我们的软肋。一旦被提及，便能够轻易地突破我们的心理防线，达成他们的目的。

想要克服这点并不困难，我们可以向黄渤学习，在面对刁难的时候，采取自黑的方式去化解。别人看到你自黑，便明白这个问题对你来说已经无所谓了，即使被提及也没有太大的影响。

这样就可以将对方的注意力从自身的弱点上转移到你的高情商上，甚至为你的高情商深深折服，让你在尴尬的危机中顺利化险为夷。

从根本上说，其实自黑就是一种既能保护自己，又能博取大家喜欢的手段。它是通过自己的高情商，将事态控制在自己可接受的范围内。同时，也拉近了与人交往的距离，塑造了幽默洒脱、平易近人的个人形象。

虽然自黑很多时候可以让我们在人际交往中无往不利，但是在某些庄重的场合，我们不能通过自黑来解决问题，而是要通过自己的高情商，正面反击对方。

2017 年 6 月 21 日，马云正式出席美国中小企业论坛。在会议的过程中，马云并不是一帆风顺的。

一开始，美国名嘴查理·罗斯就给马云提了一个极其刁钻的问题："你为什么来到底特律？"

马云笑了笑，简单思索两秒之后，就直接轻松回答："因为这里的小企业和企业家们，我期待了很久。早在十年前，我就希望能够帮助中小企业建立一个方便、快捷、低廉、高效的做跨境贸易的平台！"

然而，罗斯依旧不罢休地盯着马云，继续问道："中国有巨大的市场，中国消费者想要从美国商家买产品吗？"

马云见招拆招，抿了下嘴，淡定地回答："美国国内消费是全球经济增长的引擎，当时我告诉别人，如果你错过把产品卖到美国，卖到欧洲，你可能会错过机遇！不过现在如果你错失把产品卖到中国，你会错失机会，错失未来！"

他掷地有声地说道："请重新发现中国！如果将美国比作是在车轮上的国家，那么今日的中国是在互联网上、移动端上的国家。所以，请将中国视作一个机遇！"

对于自身，我们或许可以通过自黑来回击对方的刁难，转移对方的注意力，但是在面对国家利益，在大是大非面前，绝不可退让。这是为人处世的最基本原则。

在社交场合，我们在反击对方的时候，也要注意下面几个要点。

1. 注意场合的选择

高情商的人懂得，"什么样的场合，说什么样的话"。如自黑这种方式，适合的是一些轻松愉快的场合，在一些比较正式的场合，比如座谈会，就不宜进行自黑。否则不但会损失自己的利益，还会给别人留下一个不真诚、不靠谱的印象。

2．注意分寸的掌握

每个人都有自己的雷区，我们在反击对方的时候，不能像对方一样一个劲儿地踩对方的弱点，对方可能会恼羞成怒，那样只会让情况变得更加糟糕。所以，在反击对方的时候，一定要掌握分寸，在彼此都能接受的安全范围内。

3．表现的态度要真诚

不论是自黑还是反击对方，有一个真诚的态度很重要。否则，很容易让对方误认为你是在变相地讽刺他，造成不必要的误会。

总而言之，高情商的人，在不违背自己原则的情况下，从不轻易与别人发生冲突矛盾，即使遇到刁难，他们也能见招拆招，和平解决。

第四章

情商高的人，就会把他人放在很高的位置

质朴的语言最能感动人心

在生活中，有的人表达的时候喜欢用词华丽，有的人偏好用词质朴。但是仔细观察就能发现，最能打动人心的往往还是那些质朴的语言。

在娱乐圈中，有的明星拥有很好的口才，每次上节目都能说得天花乱坠。也许他们可以讨得观众一时的喜欢，但是最终留在观众脑海中的还是那些纯真朴实、踏踏实实演戏的演员。

黄渤就是如此。也许他那些诙谐幽默的语言得益于他的高情商，但是在全国观众的心中，除却那些逗乐的笑料，感受最多的还是他始终不忘初心的质朴。

2015 年，身为青岛人的黄渤主演了一部叫《青岛往事》的电视剧。同年 11 月 17 日，《青岛往事》剧组在北京举办发布会。当时因为黄渤正在国外拍戏，不能赶回来参加现场发布会。于是，他向发布会现场发来了自己录制的一段 VCR，在配合剧组宣传《青岛往事》的同时，向全国观众朋友问好。

黄渤在视频中是这样说的："大家好，我是黄渤，今天是《青岛往事》的发布会，但是我特别遗憾，现在正在俄罗斯拍戏，所以不能到发布会的现场跟大家一起感受这份喜悦。

"11 月 22 日，《青岛往事》就要在中央八套跟大家见面了，我很激动，也很高兴。众所周知，我的家乡是青岛，这次演了一个青岛人，我感到无比的骄傲。我从小在青岛长大，没有想到有一天，我能演一个青岛的满仓。希望大家跟我们一起感受青岛精彩的往事，我也在电视机前跟大家一起等待 11 月 22 日精彩的《青岛往事》。”

他并没有说一些华丽的辞藻，但就是这样几句简单质朴的话，便让现场的观众与他感同身受。

大钢琴家霍洛维茨曾经说过：“我用了一生的努力，才明白朴素原来最有力量。”他的一生也一直践行着这句话，在他的演出中，演奏节制，没有任何花哨与噱头。从他手下流淌出来的音乐宛如从心里流出来，没有多余的动作和表情，却更能引起观众们的共鸣。

对于语言来说，这句话同样适用。

华丽的语言，或许会在一时让人们觉得美不胜收，但如果它缺少内涵，禁不起琢磨，让人回味的时候就如同嚼蜡。

质朴的语言，虽然用词简单，但是意味无穷。比如说，团结就是力量，众人拾柴火焰高，如果做不到就不要轻易许诺……这样的语言，用词简单，表达出来的意思却很清晰。而且，说起来朗朗上口，深入人心。

古往今来，有很多诗人留下了传世之作。有一些辞藻华丽的读起来如同盛世美景就在眼前，有一些寓意深刻的发人深省。但是一直在生活中流传的往往都是那些形象简单的诗句，比如“锄禾日当午，汗滴禾下土”，还有“离离原上草，一岁一枯荣”等，语言平实，但是言语中闪动着鲜活的画面，触动人心。

事实上，质朴的语言往往给人一种真诚的感觉。它不是想要堆砌辞藻忽悠你，而是一是一，二是二地将真实的事情摆在你的眼前，让你有更直观的感受。

对人真诚，是在人际交往中我们一直强调的美德。在与人交往的时候，拥有一颗真诚的心才能够换来彼此的心灵相通，消除彼此间的戒备隔膜，做到坦诚以待。可以说，真诚是我们人生中一笔宝贵的财富，能够让我们的语言充满魅力。

美国前总统奥巴马的夫人米歇尔，便是一个高情商的语言高手。不论在任何场合，她都能够秉持着真挚诚恳、不矫揉造作的姿态。

总统竞选期间，在接受采访的时候，米歇尔形容奥巴马在华盛顿的住所是一间“容易着火”“可以吃比萨”的小公寓，导致她每次去看奥巴马，最后都得一起去住宾馆。

记者问她：“那以后的白宫呢？”

米歇尔没有对白宫的华丽进行描述，而是坦然而情真意切地感叹：“白宫真的是太美了，是那种让人产生敬畏的激情的美。在那里走一圈之后，感觉能住在那里真是一种上天的恩赐，是一种荣耀。”

米歇尔还会爆料奥巴马的一些糗事。比如他不会自己整理床铺、睡觉鼾声大、早上起床时口臭令女儿不敢接近等，这些小细节为奥巴马平添了几分人情味。

后来，两人一起上电视做节目，也是谈笑风生，彼此打趣。两人之间的语言，自然而然地显露出淳朴、单纯的一面。米歇尔基本不谈政策纲领，而是打人性牌，反而让她获得了美国人的喜爱。

语言并不是越复杂、越华丽越好，越简单、越真诚反而越能打动人心。因为，与人交往的时候，用词华丽并不能证明你的口才好，反而给人留下一个油嘴滑舌的印象。就像谈恋爱的时候，比起油嘴滑舌之人，女生更喜欢找一个踏实肯干的。即使生活没有那么浪漫，却能从他的身上得到充分的安全感。

在职场上，管理者也更喜欢踏实肯干、语言质朴的员工。因为只有这样的人才能够一心扑在工作上，全心全意地努力奋斗。

所以我们实在不必去追求，让自己成为一个说话咬文嚼字、滔滔不绝之人。有时候语言质朴真诚，反而更能获得对方的好感，收获一个好人缘。

安慰迷茫的年轻人时，能做到设身处地

“谁的青春不迷茫”，在年轻的时候，很多人都曾经迷茫过。在迷茫的时候，如果有个人能够设身处地地对自己提出恳切的建议，对于你的人生将会有很大的帮助。

2013 年，黄渤被邀请到《杨澜访谈录》做嘉宾，这次访谈的话题是“在忙碌中清醒”。

当节目进行到后半段与观众互动时，有位年轻英俊的小伙子站起来对着黄渤问道：“我想问一下关于草根和高富帅的问题。很多人都说，您在电影里专挑草根演，但是在生活中，却是个十足的高富帅。所以说，您真的能为我们这些真草根指点迷津吗？”

这个问题提得有些尖锐，黄渤看到小伙子长得一表人才，非常帅气，没有直接回答他的问题，而是反问道：“你平时回去照镜子吗？”

小伙子马上意识到了黄渤的意思，回答道：“照，我的外表可能长得一点儿也不草根，但内心是。”

这时，主持人杨澜接话说：“他还是承认自己挺帅的。”

黄渤也笑了，说：“对，他这是跟我谦虚地说呢。”

小伙子是黄渤的粉丝，不想偶像误会自己，紧接着说道："我真的非常崇拜您。"

看小伙子有些急了，杨澜打圆场道："我想他要说的意思是，还有无数的年轻人在挣扎着，希望能够被认可，希望能够实现自己的梦想。"

这时候，黄渤不再微笑，而是身体微微转向前面，然后带着一本正经的神色说道："别的我没法给你太多建议，只能从自己的经历中说一点儿感受。我们先来说说草根阶段和高富帅阶段分别代表的是什么。

"所谓的草根阶段和高富帅阶段，就是别人界定你的成功前与成功后。但是对于我来说，对于现在的我来说，能想起来的真正的快乐并且获得快乐最多的时候，恰恰就是在草根阶段。比如说，现在我最想找到的就是买第一辆摩托车时候的那种快乐。"

对于小伙子提出的问题，黄渤从一开始就做出了要认真对待的态度。他不是三言两语打发提问者，而是先转身面对观众席。这既表现了一个已经走到一定高度的成功人士对普通观众的尊重，也能看出他对这个问题的重视。然后他郑重地给出年轻人答案，没有敷衍，因为在他的心里，始终隐藏着一份帮助年轻人解惑答疑的责任。

这种事情看起来简单，但是做起来并不容易。在生活中，很多人在安慰别人或者给别人提出建议的时候，往往都喜欢站在制高点的那一方，尤其是在他比被建议人地位高的情况下。他们往往喜欢长篇大论，说一些不切实际的心灵鸡汤，听着似乎很有道理的样子。但是，对于要解决的问题根本没有任何实际的帮助。

而黄渤作为一个比较成功的演员，在回答观众的问题时，没有说一些心灵鸡汤之类的话，也没有说一些毒鸡汤之类的话，而是从自身出发给予实际的建议。因为他从一开始也是草根，唱了十几年的歌都没火，全国各地地跑场赚钱，做过舞蹈老师，自己创业过，直至成为北漂演了人生中的第一部电影。

黄渤在往前走的时候，也经历过迷茫的岁月，最后他也是演了生活中的那些草根、小人物才走向了成功，让观众们都记住了他。所以，对于草根这个名词，没有人比他理解得更深刻。

所以，对于小伙子此时的迷茫，他才能切身体会。他用自己的经历告诉小伙子，熬过了那段最苦的日子，他也终将走向高富帅阶段。但到了那时，就会发现自己最怀念的还是草根阶段。所以，一定要珍惜当下。

安慰别人有时候很简单，在别人寻求帮助的时候，“放心吧，事情一定会过去的”“加油，继续努力你就会取得成功”等这样不痛不痒的话谁都会说。然而这些空泛的大道理，对于听众来说也是泛泛，他们听了根本无法感同身受。只有说出自身的经历，才能给人真正的启发，引起对方的共鸣。

生活中，我们安慰别人的时候，一定要注意技巧。

1. 首先要做到正确倾听

在安慰别人的时候，要做到专注地倾听，并且理解对方真正想要的是什么。只要专注地进入倾听状态，得到信息后，大脑自然就会有正确的反馈。

2. 不过度介入

即使是再亲近的关系，你也不能完全代替对方做决定。你只有提出建议的权利，如果过分介入，反而会引起对方的反感。

3. 保持充分的同理心

同理心，心理学上也称为“共情”，即换位思考。学会同理心，就能够在与他人沟通的过程中更好地倾听和理解他人的意图、情绪，并设身处地地为他人提出建议。拥有同理心，就能够在我们也经历过同样的遭遇之后，更好地去理解他人所处的困境，然后给出最恰当的建议。

通常来说，我们在安慰别人的时候，如果能够使对方带有沉沦色彩的情绪，就能够让对方得到一定的慰藉。人生中会出现迷茫是一种正常的现象，你要告诉对方不应该埋怨或者选择逃避，而是要勇敢面对，朝着一条路走下去，它很可能会成为正确的方向。

从不吝啬对别人的夸奖

在社交场合，善于夸奖别人能收到意想不到的效果。情商高的人善于发现别人的优点，并且擅长对优点进行夸奖。因此，他们往往更受欢迎。

每个人天性中都希望得到别人的认同，夸奖别人便是对他人行为最大的认同。在娱乐圈中，黄渤从不吝啬对他人的夸奖，因此他的人缘也非常好。

黄渤对很多人表达过内心的赞美之意。在朋友的眼中，黄渤是一个善于逗乐的人，但是他从来不会忽视别人的优点。在相处的时候，黄渤也会拿朋友开涮，惹得朋友们哈哈大笑。比如他的好朋友管虎、徐峥、王迅、梁静、孙红雷、舒淇……都曾经不止一次地被他开过玩笑。

但是，当黄渤认真起来的时候，他能够马上说出朋友身上的大量优点，比如他们的为人处世方式，演戏时候的技术水平以及工作中的能力和态度，等等。

有的人喜欢不分场合地乱开别人玩笑，他们自认幽默风趣，但在别人听来和嘲讽无异，实在是一种低情商的表现。而黄渤不同，他虽然爱开别人的玩笑，却从来不触及对方的痛处。而且他拥有很强的观察力，对于别人的优点如数家珍。

《人性的弱点》中曾说过这样一个问题：很多人在做事情的时候，往往第一时间关注的都是自己。比如说，在看到一张集体照片的时候，我们会在第一时间去找自己在哪里；在看成绩排名的时候，我们关心的不是谁拿了第一名，而是自己是第几名，然后才会去关心谁是第一、谁是第二。

每个人都需要认同，但是人们最想要认同的反而是自己，而甚少去认同别人。我们更想听到别人对自己的夸奖，而吝啬于对他人的夸奖。当你在与人交往的时候，能够善于去发现对方的优点，然后去赞美对方，对方的心中便会产生一种被认同的满足感。在交往时，他就能放下心中的戒备，变得更加容易接近。

由此可见，赞美在社交场合有着多么重要的作用。这就像玫瑰一样，虽然带刺，但是依然被很多人喜欢，最重要的原因就是它的芳香和漂亮。赞美他人，同样是一种语言的技巧。好听的话总比不好听的话更受欢迎，即使这些赞美的话并不是真心的。但是，夸奖他人比让对方下不来台更符合社交场合的规则。

甚至，有时候别人还会因为你一句夸奖的话而产生积极的改变。比如，一个人做了一件好事得到了他人的夸奖，这就是别人认同他的表现。这时候，他便会因为这种认同的驱动而去做更多这样的好事，从而形成一个良性循环。

每个人都不可能独立于社会之外，都需要和别人相识相交。能够发现他人身上的闪光点，是我们和他人相处的基础。能够针对别人的优点去给予夸奖，不但能提高彼此的友谊质量，还能以鼓励的形式帮助他人进步。

语言的力量是巨大的，如果你想要快速拉近和别人的关系，扩大自己的交际圈子，不妨先从夸奖别人开始。当然，夸奖别人并不是随口就来。有时候，虚伪的夸奖很可能会带来反效果。我们在夸奖别人的时候，要注意以下几点。

1．夸奖他人时，要有同理心

每个人都有不同的心理需求，因此夸奖的点也各不相同，但这个点一定是对方内心最需要的东西。从这个角度出发，予以对方鼓励，最后得到的效果也最好。所以，在夸奖别人的时候，要有同理心，明白对方最需要的是什么。

2. 夸奖他人时，要因人而异

不同的人，有不同的性格。如果一个性格内向之人，你偏偏夸赞他唱歌好，甚至让他当众来一首。对方不但不会感激你，反而会因为你的夸奖让他陷入两难的境地，从而心中对你产生厌恶。所以，在夸奖别人的时候，一定要注意对方的性格。

3. 夸奖别人时，要掌握分寸

夸奖并不是越多越好，有时候说得多了，反而会给别人一种虚伪的感觉。所以，在夸赞别人的时候，要适可而止。

4. 夸奖别人时，要态度真诚

如果是不真诚的赞美，从你细微的表情、动作和语气就会表现出来。不真诚的赞美比讽刺别人更让人觉得厌恶，真诚的赞美往往都是自发的，是站在他人的角度上替他人思考的结果，更能温暖人心。

情商高的人往往都是社交高手，从来不吝啬夸奖他人。所以，如果你想成为一个情商高的人，不妨先从夸奖他人做起。

放低了自己，拔高了他人

在生活中，有的人总是习惯将自己放在高位置，将别人放在低位置，以此来显示自己的能力超群。但是，高姿态意味着你总是高人一等，很难平等地对待别人，从而让人心中不舒服，难以获得他人的认可。

黄渤，是一个将自己放在低位置的演员，从他的身上，我们看不到明星的高高在上。他认为，只有将自己放低，才有提升的空间。

成功学大师陈安之曾经讲过一条"Tee-up"法则，就是在打高尔夫球的时候，开杆时插下那个支球的小托架就叫 Tee，球放在 Tee 上就容易打起来。Tee 放低了自己，抬高了球，结果 Tee 就成了球离不开的配件，最大限度地显示了自己的价值。

周星驰深深地明白这一点，所以他成功了。陈安之曾在《看电影学成功》中这样评价周星驰："一般人是如何获得自信的？是通过比较：你比较好，所以我就没有自信；我比较好，就变成你没有自信。而每一个人都希望得到认同、得到自信。所以，周星驰演的角色，十部片子有九部都是演一个常被嘲笑、常被欺辱的人，演一个最被人看不起的人，能让所有人都觉得'我一定会赢过你'的人，结果影片最后，周星驰一定会一反弱态，战胜强敌，扬眉吐气……"

周星驰主演的电影票房之所以那么高，并不仅仅是因为喜剧片受人欢迎，更是因为他懂得放低自己抬高别人的道理。因为只有让别人有了“安全感”“快乐”“自信”“希望”……别人才会喜欢他。黄渤的成功与其有着异曲同工之妙。

有一些人刚取得一点儿成绩后，就开始变得飘飘然，认为自己非同一般。与人交往的时候，无论做什么都是高人一等的姿态，放不下自己的架子。这样的人，很难受到别人的欢迎，在以后的工作中，也很难得到别人的支持和帮助，很难取得进步。

放低自己，抬高别人，是做人谦虚的表现。自古以来，无数的成功者表明，做人自谦才能获得成功。正所谓“满招损，谦受益”，没有人愿意和一个骄傲自大的人相处。就像韩信一样，无论他多么聪明机智，骁勇善战，一旦骄傲自满，就会引来君王的猜忌，最后落得个身首异处的下场。

当一个人愿意放低自己抬高别人时，对方就会产生一种优越感和安全感，为了继续保持这种优越感，很多时候对于你提出的要求，对方并不会拒绝。这样，就大大增加了你成功的可能性。

1923 年，美国福特公司有一台大型发电机不能正常运转，公司里的技术员努力了许久都没有结果。福特十分着急，无奈之下请来了德国籍科学家斯特罗斯。

斯特罗斯来到公司之后，经过一番检查，然后拿出粉笔在电机左边的一个长条地方画了两道杠。

“毛病出在这儿，”斯特罗斯对福特说，“多了 16 圈线圈，拆掉多余的线圈就行了。”

技术人员按照斯特罗斯说的修改之后，电机果真奇迹般运转了。

福特对此表示万分感谢。

斯特罗斯说道：“不用谢了，给我 1 万美元就行了！”

“天哪！画条线就要 1 万美元？”一旁的技术人员大吃一惊。

“是的！”斯特罗斯傲慢地说，“粉笔画一条线不值 1 美元，但知道该在哪里画线的技术超过 9999 美元！”

福特对于斯特罗斯的傲慢并没有生气，不但愉快地付了 1 万美元酬金，而且还愿意用高薪聘请他。

没有想到斯特罗斯却拒绝了，表示不愿意背叛现在的公司。

福特听了之后，顿起爱才之心，花巨资把斯特罗斯所在的公司整个买了下来，他的举动让斯特罗斯非常感动。

福特敢于“丢下面子”忍受斯特罗斯的傲慢，为以后福特公司的发展作了重要贡献。

如果一个人放低了自己的姿态，他就会理解很多、包容很多，也能承受很多。如此，才能够发现自己身上的不足，进而去改正。放低自己，才会让自己的心胸越来越开阔，你的人生之路也会越来越宽阔。

放低自己，是对他人的一种赞美。所以我们在与人交往的时候，不妨适当地表现出一些自己的不完美来，指出自己和对方的差距，抬高对方。或者说一些自己的失败经历，来增强对方的优越感，提高对方的自尊心。这样，别人就会更加宽容地对待你、帮助你，从而让你离成功越来越近。

态度和善，对谁都不摆架子

很多人认为黄渤是娱乐圈中的一个异类，他成为影帝之后，依然没有任何的架子，实在不像是一个家喻户晓的大牌演员。在人们的想象中，影帝应该是高高在上的。黄渤在参加综艺节目《极限挑战》的时候，实实在在地展现了他平易近人的一面。

录制《极限挑战》第二期的时候，节目组发布了新的任务：没收明星们身上所有的现金，让他们凭自己的“本事”去解决温饱问题。

没有钱又不想饿肚子，黄渤便在地铁里面蹭盒饭、卖唱筹款，遭到了很多人的围观，场面令人咂舌。人们纷纷惊讶，黄渤这个“影帝”也太没有架子了。

黄渤的运气很好，刚上地铁不久就遇到了一个带盒饭的姑娘，为了得到免费的午餐，黄渤展现出了自己的“话痨”功夫，毫无架子地和姑娘聊起天来。黄渤告诉对方自己现在正在做节目，并且把节目发布的任务内容告诉了姑娘。对方得知黄渤现在身无分文，连午饭都没有吃之后，主动将手中的盒饭送给了黄渤。

后来为了赚取路费，黄渤不但在地铁上和老大爷聊天，还教小孩唱“两只老虎”，凭着刷脸和卖唱赚零花钱。如果有人给了钱，黄渤还会和对方要微信账号，说等到节目结束之后，他会亲自联络对方，归还路费。

有的人出了名后，与人交往时，就认为只有摆足架子才能够配得上自己的地位。但是，在别人面前摆架子，本身就是一种看不起别人的表现。

我们常说，“人以群分”，如果你的心中自认为比别人高一等，那别人还会靠近你吗？不论是谁，都不喜欢和在自己面前摆架子的人相处，只会对这样的人敬而远之。

因此，那些喜欢摆架子的人，一般身边的朋友很少，他们更多的是体会着“高处不胜寒”的孤独。所以，那些情商高的人无论自己多有名气，或者多有权势，他们在与别人交往的时候，不管对方的地位高低，都能保持着对等的心态不摆架子。

当你放下架子，学会用平常心对待他人时，别人才能够感受到你的真诚，然后真心和你交往。

有的人在别人面前摆架子是为了维护自己的面子，因为他们心中自卑，担心别人看不起，才会将摆架子当作自己的保护层。然而对别人摆架子，只能取得反效果，别人只会从内心里与你疏远，甚至还会因为你的行为，更加看不起你。

所以说，摆架子得到的从来都不是面子。摆架子，得到的不过是虚荣，而丢掉的却是别人的真诚。对于想要发展的人而言，实在是得不偿失。

百事可乐公司是世界上最大的饮料公司，公司前总裁卡尔也是一个让人尊敬的人。

有一次，卡尔被邀请去一个城市演讲。在演讲之前，他遇到了一个当地的小商人，并且答应对方在演讲完毕之后，要跟他会谈一会儿。

但是，事情出现了意外。卡尔在演讲的时候，听众十分热情，他很难在规定的时间内结束。这样，卡尔就不能准时去赴小商人的约。

演讲之余，卡尔抽出了一点儿时间，对他的助手说道：“你去礼堂外的咖啡厅，告诉那位商人，演讲可能要超时一会儿，请他谅解！”

助手说道：“您完全没必要这样做，能够和您这样的大企业家会谈，是那位小商人的荣幸。即使等上一天，他也会心甘情愿的！”

卡尔摇了摇头，说道：“不，这里没有大企业家，只有两个即将会谈的伙伴！”然后坚持让助手去咖啡厅。

那位商人知道了这件事情以后，心中对卡尔的尊敬之情更甚。

他对助手说道：“我终于知道卡尔先生为什么能驾驭那么大的企业了，就是因为他对任何人都没有架子，所以才能够得到那么多人的拥护！”

喜欢摆架子的人，在和别人交往的时候很难保持一个平和的心态。他们往往盛气凌人，很少有人会心甘情愿地去接受和亲近他们。而不爱摆架子、平易近人的人则与之相反，他们善于尊重别人，所以能够得到别人的喜欢与亲近。

当然，真正的平易近人并不是为了取悦他人，而是一种朴实、真诚的表现。高情商的人明白只有这样做才能够给人一种平等的感觉。所以，他们从来不会在别人面前随意摆架子。

无论是在生活中还是职场上，人们越来越讲究人人平等。尤其是现在承受的工作压力越来越大，他们需要的不是在他们面前摆架子，而是更多的尊重和关心。所以，如果你拥有了一定的地位，还能继续保持与人平等交流的作风，就可以收获他人的好感。若是还没有成功，如此表现，便能获得更多的帮助，从而走向成功。

暖心的安慰，一句话就够

当朋友遇到困难时，你该怎样安慰他？当同事工作失利时，你该对他说些什么？当女友心烦时，你怎样说才能逗她开心？当亲人向你诉说烦恼时，你该怎样做才能真正地安慰到对方？

安慰别人，在我们看来是一件非常简单的事情。无非是说句“不要伤心”“事情会过去的”等不疼不痒的话。但是，这样的话根本起不到安慰别人的作用。这并不是说你不关心他人，而是安慰别人时不懂得语言上的技巧。

能真正做到安慰人心，并不是一件简单的事情，黄渤在安慰别人的时候，很能突出这一点。

在《极限挑战第二季》的一期节目中，为了使节目更加精彩，节目组请来了“花样姐姐”林志玲作为嘉宾。

正好黄渤和林志玲合作演过电影《101 次求婚》，节目组便要求黄渤再度对林志玲上演催泪表白。黄渤没有直接表白，而是施展了他暖心的“撩妹话术”，让林志玲听完感动不已。

这期节目运用的是《流星花园》的桥段，黄渤在婚礼上，拿着喇叭，对着大龄未婚的志玲姐姐说了一段非常走心的话：

“无论你叫杉菜还是叫酸菜，听起来都蛮朴实的。所以，也希望你能够获得朴朴实实的、普普通通的、平平凡凡的真爱。可能在之前的电影中，你演绎了无数的爱情，但是我更希望有一天，你的脸上能够露出真正的、不是剧本里的笑容。无论你选择与否，我都真诚地祝福你，希望你一生幸福，谢谢！”

黄渤的表白还没有说完，林志玲就已经感动得泪流满面。因为这一段话，黄渤也获得了众多粉丝的喜爱。

众所周知，林志玲之前是单身状态，黄渤的这一番表白祝福，可以说是说到她的心坎里去了。因为黄渤的这番话，电视机前多少女生和林志玲一样泪流满面；又有多少女生，因为这段话决定粉黄渤一辈子！

有时候，语言的力量真的是让人难以估量。黄渤的话如此别出心裁，不落俗套，难怪就连志玲姐姐都称“如果不是他结婚了，我一定倒追他”。

会安慰别人的人，往往更能得到别人的喜欢。不会安慰别人的人，在别人需要安慰的时候，说出的话常常会戳中对方心中的痛处。

比如说，当你的朋友失恋了，正是伤心难过想向你寻求安慰的时候，你却说：“你现在的样子真是咎由自取，当初就劝你，让你不要倒贴，那个男的看着就不是什么好东西。你非不听，现在好了吧，被人家甩了。再说，谁没失过恋，你成天难过成这个样子有什么用？”

虽然你的本意是让朋友打起精神，快点振作起来，不必为了个渣男而唉声叹气。但是，这样的话，不但安慰不了她，还会伤及她的面子，触及对方的痛处，让对方恼羞成怒。

所以，在安慰别人的时候，并不是仅仅说几句话那么简单。首先，你要能够理解对方的苦恼，然后根据对方的需要真诚地给予他安抚和慰问。安慰实际上体现了一个人对另一个人真正的关心。

而且不同的性格、状况要有不同的表达方式，比如某个人性格内向，遇到困难，你安慰对方的时候却是嘻嘻哈哈的，对方可能会认为你不是来安慰他，而是来嘲笑他的。

人生不如意事十常八九，每个人都会遇到让人不顺心或者难过的事情。在自己难过的时候，他们更希望有人能给自己一个温暖的怀抱或者一个暖心的安慰。恰当的安慰可以给予别人力量，甚至帮助对方渡过难关。

想要成为一个高情商的安慰者，快速帮助朋友走出情绪的低谷，你就需要掌握几个安慰人的技巧。

1. 不妄下论断，认真倾听

想要安慰别人，首先要了解别人真正的苦恼是什么。否则，连安慰的点也会弄错。当然，这并不是说让你一句话都不说，而是应该用我们的眼、耳和心去感受对方内心的声音。这样，才能了解对方想要听什么。

2. 拥有同理心，学会换位思考

同理心，就是能够设身处地地理解别人。学会换位思考，站在别人的立场上，才能真正地理解别人的痛苦，才能真正地安慰到对方。

3. 开导对方，转移对方注意力

安慰别人的目的就是让对方走出痛苦，所以你在开导对方的时候，可以通过分析、举例等形式找出问题发生的原因，进而找到解决之道。当然，为了不让对方陷入更加痛苦的情绪，你还可以找到另一种对方感兴趣的东西，来转移对方的注意力。

4. 表示乐观的心态，给予适当的鼓励

积极的心态，对于一个人战胜困境具有非常重要的作用。当一个人遇到困难的时候，身边的人如果能够及时用积极的心态潜移默化地影响他，再给予适当的鼓励，那他就有战胜困境的勇气。当然，除了语言的安慰之外，有时候一些小动作也可以传递鼓励，比如眼神注视、点头、微笑、拍肩膀等，都可以起到很好的安慰作用。

5. 提供实际性的帮助

如果你能够帮助对方找出问题所在，也可以向对方提供一些解决困难的方法。有时候，有些人碍于面子不知道如何开口寻求帮助，你主动帮助对方，很可能就是拉对方走出痛苦的第一个契机。

安慰别人，是一门说话的艺术。作家王小波曾经说过："人的痛苦，本质上都是对自己无能的愤怒。"安慰别人，你不但要帮助对方解决一时的痛苦，还要和对方说"你很有能力"，这样才能帮助对方彻底摆脱困境。

珍视别人的心意，感动不只是嘴上说说

粉丝经常会给喜欢的偶像送一些小礼物，来表达自己的喜爱之意。这些礼物，虽然可能价值不高，但是却代表着粉丝的心意。

对于粉丝送的礼物，黄渤会非常珍视。观众经常会在黄渤的身边看到一只气质和他特别不相称的兔子玩偶，但是没有人会因此嘲笑他。因为，这是粉丝送给黄渤的礼物，被他珍重待之。

在《极限挑战》某一期的节目中，黄渤坐长途卧铺车时，恰巧碰到了一个刚高中毕业的小姑娘。小姑娘说自己特别喜欢黄渤的电影，黄渤听了很开心。聊天的时候，小姑娘送给了黄渤一个粉红色的兔子玩偶，说这个兔子玩偶是她的吉祥物，刚陪她高考完，希望能够让黄渤一直开心快乐，也让黄渤一直带给观众开心和快乐！

黄渤很高兴地接过来，并抱着兔子入睡，丝毫不嫌弃这是一只已用很久，并且不值钱的兔子玩偶。

在之后黄渤参加的节目中，这只粉红色的兔子玩偶经常出现在黄渤的身边。后来，在丽江古城的“追逐战”中，除了“极限男人帮”和周冬雨以外，出镜率最高的就是黄渤随身带着的那只玩偶“龅牙兔”。

黄渤经常在节目中与“龅牙兔”互动，拍电影时也不忘带着这只玩偶。

有粉丝看到黄渤带着玩偶的一幕，声称“反差萌”直击内心，真的是太可爱了。

从黄渤的种种行为上我们可以看出，他是真的很尊重粉丝。某些明星就算是收了粉丝的礼物，当面表现得郑重，但也会很快被助理收走，他们也随之抛之脑后。但是黄渤却一直把礼物放在身边，有情有义很暖心。很多粉丝称，这才是偶像的正确打开方式！

还有一些明星，礼物收多了，就不重视粉丝的心意了。对于粉丝费尽心力准备的礼物，他们往往会不屑地丢弃。有一些明星为了观众缘，即使不屑也会装作非常喜欢的样子，等到没人的时候才扔。

当然也有人不屑伪装，比如，有一个韩国的“小鲜肉”收了粉丝的礼物，却因为礼物廉价，还没等到回去就直接扔了。后来，直接被娱记曝了出来，上了头条。据曝出来的内容所言，这位“小鲜肉”如果从粉丝那里得到贵重礼物就立刻使用，而对于那些精心制作，但低廉的手工制品与价格低的礼物，全都当垃圾扔了，这无疑引起了粉丝们的愤怒。相对于这位“小鲜肉”，素有“老腊肉”之称的黄渤却是无比地珍视粉丝送的礼物。

有的粉丝称，成为黄渤的粉丝是一件很幸运的事情。虽然，黄渤看起来坏坏的，有一股痞子劲，但是他非常宠自己的粉丝。他曾经说过：“我觉得我是坏暖坏暖的，坏是表现形式，暖是内心体现。”这不就是“口嫌体正直”嘛！

与其说黄渤珍视粉丝的礼物，不如说他珍视粉丝的心意。他对自己的粉丝非常的友好，这是他感激粉丝支持的方式，不仅仅止步于口头上的感谢，而是实实在在的行动。正因为他付出真心，才换来粉丝更多的喜爱和支持。

黄渤珍视粉丝的心意，并不仅仅凸显在一个小小的玩偶兔子上。他经常会和粉丝互动，甚至为了配合粉丝，和粉丝一起合作推出了一套“黄渤套娃”。

珍视别人的心意并不仅仅对于明星重要。在日常生活中，当别人送你一件礼物，不论礼物珍不珍贵，里面包含的心意都值得我们重视。对于那些不重视别人心意的人，长此以往，就会失去很多朋友。

生活中有许许多多的人需要我们去感恩，值得我们去感恩。我们天天说感恩这个，感恩那个，却从来不行动。难道，我们的感恩只是说说而已？

感恩，需要我们怀有一颗感恩的心去看待周围的人、事、物，需要用我们的行动来表达我们的感激之情,需要用我们的双手去创造一个充满感恩的世界。所以，如果真的想要表达自己的感恩之情，不妨从一言一行中做起。感恩不需要你常常挂在嘴边，而是要用你的行动去实践它，完成它。

高情商的人，往往怀有一颗感恩的心。他们从来不会随意践踏别人的心意，懂得这正是别人认同他们，喜欢他们的表现。高情商的人，往往更懂得尊重他人。珍视他人的心意，不能只在口头上说说，更应该行动起来。

内心柔软善良，让人如沐春风

我们可以发现这样一个规律：在人际交往中，内心柔软善良，相处起来能够让人如沐春风的人，他们的人缘往往更好。因为与这样的人相处会十分舒服，他们不会让自己和别人陷入尴尬。这样的人，才是真正的高情商。

高情商的人，往往很善解人意。即使与别人开玩笑，也会给对方留有台阶下。

2015 年 8 月 25 日，黄渤接受了腾讯娱乐的采访。当时，黄渤刚刚从外地拍完戏回来，脸上全是掩不住的疲惫。但是在采访的时候，他依然没有表现出任何的不耐，而是像往常一样随意和记者开着玩笑。

采访被安排在一个灯光昏暗的酒店套房里，记者和黄渤对坐在一张长桌两旁。

黄渤一落座就逗趣道："这么坐，有点儿像审问犯人的感觉。"

对方的造型师也觉得有点儿不妥，说道："要不我们去沙发上坐吧。"

黄渤摆了摆手，继续搞怪。他从旁边拿了一盏台灯，打开后对着自己说道："既然这样，我们就把气氛做得像一点儿。"

在这些亦真亦假的动作中，忽然就让人产生一种感觉，似乎就算黄渤再累，他也不会停下幽默。就像黄渤在人前表现出来的以及他反复强调的：驱使他前进的，并非高票房、高片酬，而是他在真人秀中表现出来的强烈的玩心和令身边人都感到如沐春风的柔软。

黄渤曾经说过，最高的情商，就是不让别人陷入尴尬，他也一直身体力行地实践着。

在生活中，心中柔软善良的人往往更能得到别人的好感，这样的人，很难和别人发生冲突和对抗，他们的心中往往怀着宽阔和圆融。古人常说君子如玉，实际上，也是一种高情商的表现。君子如玉，并不单单指长得好看，更是指一种美好的品德。

也许有的人长相和翩翩君子的形象相去甚远，但是他们为人处世的方式，总是给人一种舒服的感觉，就好像一块温润的美玉一样。

让人舒服，不是刻意地讨好，而是无论你身处什么样的层次都能够平等地对待他人。就像黄渤一样，无论自己是地位弱小还未出名的小演员，还是成为影帝，无论是参加真人秀，还是访谈节目，无论是面对明星大腕，还是市井小民，黄渤都能用他高情商的言行，让人如沐春风。因为他本性如此，心中、骨子里怀有温柔与善意。

在娱乐圈中，同样被认为高情商的还有主持人何炅，很多人都称赞与他相处起来十分舒服。其实，他的为人处世原则和黄渤有着异曲同工之妙。

《向往的生活》有一期邀请任泉作为嘉宾，到了现场之后，任泉一直赞叹这个地方很美、很舒服，比电视上好看多了。

其实观众听起来没觉得有什么不妥，亲眼看见的景色有时候确实要比电视上好看很多。

但何老师却不好意思地笑了笑，大家都进屋的时候，何老师对摄影老师说："摄像老师别介意哈，任泉他不是那个意思。"

从细微之处顾及摄像师的感受，化解对方的尴尬，可见其内心的细腻程度。

就连“娘娘”蔡少芬都“表白”何炅：“我真的很欣赏何老师，他说话让人觉得很有爱，也会让你释怀，让你得到安慰，我觉得他是男人中的男人。真正的情商是周到的，让人舒服的，是不会让人觉得太过于圆滑的，这需要好的人品和足够的内涵才能做得到，何老师确实配得上智者和绅士的称谓。”

从黄渤和何炅的为人处世原则，我们可以懂得：“所谓的高情商，就体现在同理心。”即使是我们自己，也更喜欢和让人如沐春风的人做朋友。换位思考一下，如果我们想要变得更受欢迎，便要如此行事。

很多人有时候说话直白、伤人，还将其标榜为这是自己个性坦率，实在让人觉得可笑。他们初看好像是个性张扬，但却很难得到真心对待的朋友。因为他们的行为是不尊重别人的表现，更容易被人厌恶和远离。

人生在世，总要学会如何与他人相处。我们在人际交往中，不论做什么事情，之前都应该先想想别人的感受，别人感受到你的真诚，同样会真心待你。那样，你的人际关系圈子自然而然就越来越大。

第五章

有趣而谦虚，接地气
才更有人气

表达谦虚，光环中的清醒和冷静

古往今来，人们都将谦虚称为一种美好的品德。当然，它的作用并不仅仅如此。情商高的人即使取得一定的成绩之后，也不骄傲，依然保持谦虚的风格。他们即使获得很多的赞誉，也能够在以后的道路上保持着清醒和冷静，然后获得更大的成功。

在娱乐圈中，如果一个明星获得了“影帝”的称号，就代表着他的演艺获得了认可，身价地位不可同日而语。但是，黄渤在获得了第一个影帝之后，并没有变得骄傲，依然保持着谦虚的姿态，所以才会获得后来的“双料影帝”。他在成为影帝之后，表现出来的样子，似乎依然是当初那个兢兢业业的喜剧小演员。

成为明星，就避免不了被人采访，黄渤对此深有体会。他曾在接受腾讯《封面人物》采访的时候，说起自己成为影帝之后面临的采访，依然心有余悸：“几分钟的，几个小时的，还有十几个小时的……我都被聊蒙了。有时都觉得自己像被审问的犯人一样，记者问啥我答啥，有些话，都没想过能不能说，就说出来了。”

即使出名了，黄渤依然告诫自己：“我后来想想，哪有什么职业能有演员这样的待遇啊——你说我何德何能，连小时候那么点儿小屁事，都被人关心。”

当黄渤主演的电影《心花路放》的票房过 8 亿的时候，导演和主演一起开庆功宴。

那个时候，许多媒体都在场，想要敬黄渤酒的人都能排起队，但他并未静候大家来敬酒，而是端着酒杯满场跑。

开场没多久，黄渤就跑上台，主动担任了颁奖介绍人，兢兢业业地对每一项奖品进行介绍：“哎哎哎，大家看一下，这个作品是著名设计师张弛设计的，很棒很棒的……”

后来，有一个在场的记者回忆那幕场景说：“像商场站台的推销员一般。”而台下，觥筹交错，并没有多少人在留心那个做推销员的他。虽然那个时候，他已经是“50 亿帝”。

做人就应当像黄渤那般，即使取得了再大的成就，依然不会骄傲自满。我们经常能够听到关于谦虚的名言，“满招损，谦受益”“三人行，必有我师”“虚心使人进步，骄傲使人落后”等。这是中国古往今来提倡的谦虚文化，人们也常常将谦虚的人誉为君子。

谦虚，能够让人觉得你有分寸、会做人，从而大大增加别人对你的好感。后来，人们将谦虚看作是情商高的表现。黄渤的情商之所以被称为“一本行走的教科书”，其中一个重要的原因就是他表现出来的恰到好处的谦虚，而不是表面功夫、油嘴滑舌。

当一个人获得了一点儿成功，就变得自傲，那么他很容易被这一时的成功蒙蔽双眼，失去应有的理智。人生并不是一帆风顺的，有成功就会有失败。成功之后骄傲，失败之后气馁，得失心很容易失衡。这样你就会看不到隐藏在人生路上的崎岖迂回，很快就会走向失败。

那些取得成功之后就变得骄傲自大的人，就像是沙滩上的一粒沙子，很容易被抛弃，被别人取代。我们可以发现，高情商的人从来都不会被一时的成功所左右，也不会到处宣扬自己的功绩，不论何时都保持一颗谦虚谨慎之心，以一贯的学习和实干的态度继续努力。他们明白，成功是没有尽头的，一旦停下前进的脚步，那么他们面临的将是失败。

一成功就骄傲的人，往往会因为自己的成功变得自大，甚至自负。在与人交往的时候，便会因为自己的成功而看不起别人，在别人面前摆出一副不可一世的样子。没有人会喜欢和这样的人相处，因为这样的人不会顾及别人的感受，甚至不尊重别人。人们在自大的时候，往往会伤害到别人，即使别人碍于面子，当时表现出佩服的样子，背地里也定会瞧不起这种人。

只有拥有一颗谦虚的心，才能够无论发生什么，都平静面对。当然，如何将自己的谦虚表现得恰到好处，就非常考验一个人的智商和情商了。

那么，我们该如何在生活中保持自己谦虚的姿态呢?

1. 清楚地认识自己，了解自己的局限性

不论是谁，都不是完美的，总有一些事情是你办不到的，你应该了解这一点。你可以找一张纸写下自己做不到但是别人能做到的事情，这让你更真实地接纳自己——既不自夸也不过分自卑。

2. 真诚地赞扬他人的成功和优点

当别人做得比你好的时候，你就要学会赞扬，赞扬的时候说话要具体，比如“恭喜你考了第一名！”，内容具体，更能给人真诚的感觉。

3. 停止“比较心态”

和人攀比，是一种愚蠢的行为。事事都要比，这表明你不愿意在别人面前承认自己的软弱，难以谦虚下来去改正。而且你不可能事事都比别人强，所以你必须抛弃比较心态，做好自己即可，没有必要事事比人强。

有人曾说：“失意时，高看自己一点儿，你没有那么差；得意时，低看自己一点儿，你也没有那么好。”无论你取得的成就多么大、光环多么耀眼，想要继续成功，就要保持一颗谦虚的心。

习惯把姿态放得低，自己也会舒服

在与人交往的时候，习惯将自己的姿态放得低一些，不但能够让别人舒服，也能够让自己舒服。放低自己的姿态，是尊重别人的一种表现。无论做什么，只有将自己放低了，才能更容易得到别人的认同。

对于这个问题，黄渤在做客《杨澜访谈录》的时候，曾经谈起过。

2013 年，黄渤被邀请做客《杨澜访谈录》，在节目中接受了杨澜的采访。

两人谈到黄渤演过的电影时，杨澜问了一个比较犀利的问题："你演的都是一些社会底层的小人物，然后突然有人说你的优点就是演农民工比较像，这是不是也是一种打击？"

黄渤肯定地回答道："对，我在电影中饰演的人物好像没有太舒服的。每次演完之后，也有人说黄哥你什么时候能拍一点儿像人的戏？但是从小就听到各种说法，比如你看人黄渤虽然长得不怎么样，但是人挺好的。这些话不断地给你巩固，你也就对这个无所谓了。"

杨澜略有感慨地继续问道："其实面对别人的嘲讽和轻视，有一种最好的自我保护的方法就是自嘲。你是不是也琢磨出这也是一种生存之道？"

黄渤大方地承认："您说得对。比如别人想要贬低你，如果我已经先把自己放到最低了，那剩下的只有往上的空间了，往下的空间已经没有了。”

杨澜：“你姿态已经很低了。”

黄渤：“这样让自己也舒服一点儿。”

有时候，把自己的姿态放得低一些，不仅仅是尊重别人的表现，也是一种自我保护的手段。这也是黄渤的生存之道。

这个道理在生活中同样适用，每个人都不是完美无缺的，不可能获得所有人的喜欢，总会有人因为你的缺点而对你冷嘲热讽。如果你因此和对方争辩，非但很难说服对方，甚至会产生激烈的矛盾。

但是，如果你放低自己的姿态，顺着他的意思自嘲，那对方也不好意思再继续贬低你。在生活中，那些高情商的人从来都不是高高在上的，他们会审时度势，适当放低自己的姿态，将自己放在一个让自己舒服，也让别人舒服的位置。

放低自己的姿态，绝不是一种懦弱的表现，而是一种智慧。在与人交往的时候，放低姿态也可以说是为人谦恭，对人礼让，不与人争锋。这是人生的一种境界，它可以让我们脚踏实地地攀上成功的高峰。

当你以低姿态出现的时候，在很大程度上可以让对方从心理上得到一种满足。如果这个时候你提出要求，就大大增加了对方同意的可能性，从而使他愿意合作。

适当放低自己的姿态，才能更好地得到别人的帮助。生活中有一些人，虽然总是昂着头一副不可一世、从来不求人的样子，但实际上，这只能显示出他们内心的脆弱。当你的实力不如别人需要别人帮助的时候，还是一副高高在上的模样，那么没有人会愿意来帮助你。这种所谓的尊严，正是你成功路上的绊脚石。生活中没有人能够独自成功，很多事情都离不开别人的帮助。

古往今来，那些成功者都懂得放低自己的姿态。比如，周文王弃王车陪姜太公钓鱼，灭商建周成为一代君王；刘备三顾茅庐拜得诸葛亮为军师，促成三国鼎立等。这些我们耳熟能详的故事，无一不表明如果文王及刘备没有放低自己的姿态，就不能取得封君做王的流芳百世、赫赫成就。

对于中国女排来说，2016 年 8 月 21 日是一个特殊的日子。在这一天，她们激战巴西、逆转荷兰、战胜塞尔维亚，最终取得世界冠军。

从 2004 年雅典奥运会上的出色表现到今天的夺冠，中间隔了 12 年，她们终于重回世界巅峰。在人们庆祝胜利的时候，没有人能够体会到她们从一个辉煌到另一个辉煌，中间经历了多大的落差和现实的无奈。

在这个过程中，有太多的不容易，有太多的积累。但是她们能够获得成功的最重要原因，就是她们没有因为以前的成绩而骄傲，无论是在比赛还是训练的过程中都将自己放得很低。

如果没有把自己放低，就不可能有 12 年来一代又一代女排姑娘们的踏实积累，就不可能有逆转失败的无畏勇气，也就不可能有里约夺冠的成功。把自己放低，是人生面对成功和失败时应有的清醒态度。

只有将自己放低了，才能看到别人的优点。

天外有天，人外有人。如果你一直将自己放在高处，就很容易变得志得意满，眼中只有自己，看不到别人的优点。这样，眼界就变窄了，既无法提高自己，更不用说取得成功。只有把自己的姿态放低，才能一直保持头脑清醒。

成功时，把自己放低，让你不至于迷失在教案中；失败时，把自己放低，让你不会在气馁中放弃自己。正所谓，胜不骄败不馁，把自己放低，才能让自己保持理智。然后你才能充分地了解自己，客观分析内外成因、个人短长，进而扬长避短，再求精益。

但放低姿态并不是让你一味地在别人面前逢低做小，那样只会让别人更看不起你。那么，如何才能在适当的时候保持一个合适的低姿态呢？

心理学家曾经提出一个叫作“空杯心态”的词，恰好可以解答这个问题。

把自己想象成“一个空着的杯子”，不论是面对自己还是他人，面对成功还是失败，先把自己放空，打扫心房，再来迎接更好的自己。

人生若总是处于高姿态，处处高于对方，咄咄逼人，对方心里就会感到紧张，从而产生一种逆反心理。与之相反的低姿态，表明了你朴实和气，别人与你相处时，就会认为你亲切、可靠，从而更加信任你，愿意帮助你，让你更快获得成功。

在前辈面前，永远做一个学生

当一个人达到前人的高度，甚至比他们还要厉害的时候，非常容易骄傲自满，变得目中无人。即使对待前辈，依然一副目中无人的态度，这是一种低情商的表现。

其实，很多娱乐圈中的前辈，都有着自己的风范和人脉。其中的很多演员也许并没有那些流量明星出名，但是这不能掩盖他们身上的闪光点。他们的演技炉火纯青，举手投足之间有很多值得学习的地方。

黄渤对于圈内的前辈，有着崇高的赞扬和敬佩之情。

有一次接受采访，他提到李雪健老师时是这样说的："李雪健老师在演戏的时候，是真正地融入进去了，是在用骨血演戏，那个魂儿都飘在角色上。对于演员来说，要做到这一点是非常困难和考验人的演技的。"

从李雪健老师的身上，黄渤学习到了作为一名演员，你要看清楚自己的位置和能力。

他说道："你自己也清楚，比你能力高、理解力高、表现能力高的人有的是，你知道自己的短板在哪儿，也知道自己的长处在哪儿。有的演员自己带了个人魅力，有的是沉淀下来的力量。"

即使成为影帝，黄渤依然是谦逊有礼的。虽然他的演技获得了专业领域的承认和大众的喜爱，取得了很高的成就。但是，他并没有因此而骄傲自满。在演戏这方面，他依然有着自己想要学习的偶像。这不仅体现了他对表演艺术的喜爱，也让人看到了他对前辈的尊重。

在职场上，学习前辈成功的经验是我们走向成功的一个捷径，他们的经验能够让我们少走很多的弯路，并且在我们迷茫的时候给我们指明方向。

在职场中经常会有这样一种现象：刚进入职场的新人年轻气盛，对于前辈的指导不但不虚心接受，而且还颇有微词："某某有什么了不起的，不就是资格比我老一点儿吗？""明明自己水平不怎么样，凭什么还对我指手画脚？"……

很多人会因为前辈职位不高，甚至是和他平级而在心中轻视对方。拥有这种心态的人，很难获得别人的认可，甚至因为不满你的态度，对方还会给你下绊子。没有人会愿意和一个骄傲自大的人相处。一个人长时间做一项工作或者处在同一个环境中，他们用时间积攒下来的人脉和信息通道并不是一个新人可以相比的。

当你尊敬前辈，并且向他们虚心请教时，就能够获得他们的信任和提携。你就能够快速融入大环境，并且能够很快学习到工作上的技巧，很快就能对自己工作得心应手的脚步。

在人际交往中，情商高的人，即使面对地位比自己低的人，也能够保持尊重的态度。尊重他人是他们为人处世的基本原则。只有尊重他人，你才能获得他人的尊重。

唐国强是著名的演员，他主演的《三国演义》《雍正王朝》《建国大业》等一系列经典作品，获得了无数好评。有一次，他去参加《快乐大本营》，他说自己演勾践时何炅是主持人，演雍正时何炅还是主持人。说的过程中，却把何炅喊成了何灵。

唐国强老师的话刚说完，现场一下子安静了下来，一度陷入了尴尬之中。何炅并没有因此生气，反而一直尊敬地看着唐国强老师，即使唐国强老师念错了自己的名字，也没有打断他。

他接下来的举动，更是表明了自己对这一位影视界前辈的尊敬之情。在台下一直议论纷纷的时候，何炅害怕唐国强老师尴尬，向大家解释道："唐老师10年前就喊我何灵，他当然知道我叫何炅，这是我们之间的一个昵称。"

几句话，不但表明了自己对前辈的尊敬，而且瞬间解除了现场的尴尬气氛，让网友为他的主持功力和高情商折服。

尊敬他人，并不是盲目崇拜，而是一种态度，表明了一种你对他们重视的立场。当前辈感觉到你真诚地尊敬他们时，就会对你产生好感。当你遇到困难时，他们也会伸出援助之手。很多时候，有一个"好老师"带着你前进，会让你少走很多弯路。

当然，我们不能否认有一些老人喜欢倚老卖老。这个时候，如果我们和其对着干，是十分不明智的行为。当我们面对这样的人时，要学会分析他们这样做的原因，无非就是找存在感。这个时候你越真诚求教，越能赢得他们的喜欢。

无论我们取得多么大的成功，都应该在前辈面前保持谦虚的态度。正所谓："骄傲使人落后，谦虚使人进步。"在生活中，不管做什么事情，保持谦逊都能够让我们发现自己的不足并且及时得到改正。我们在生活中，应该遵循以下两个原则。

1. 面对前辈，要有尊敬之心

当我们加入一个新环境的时候，不能因为自己在某一方面具有一定的能力就变得骄傲自满，这很容易影响到你的人际关系，对于你未来的职场发展会形成一定的阻力。只有你尊重前辈，保持一颗谦虚谨慎的心，才能获得别人的尊重和支持。

2. 少说话，多做事

正所谓，言多必失。无论身边的人如何表达，在不了解对方的前提下，我们都应该少发表自己的观点。没有根据的发言，只会无意中得罪对方。只有做好自己的本职工作，你才能获得别人的尊重和赏识。

在生活中，尊重他人是一种态度。放低姿态，向前辈“拜师学招”，分享他们宝贵的信息与经验，可以帮你提高自身的能力。情商高的人，会用诚恳、谦虚的态度努力向老前辈学习，这会让他们受益匪浅。

再红，也别太当回事

当黄渤成为影帝之后，很多人认为会看到一个“大牌”明星。但是，事实证明，黄渤从来不在乎什么身份，也不在乎别人说什么。不论多红，他依然保持初心。

这两年黄渤一直生活在北京，即使他的身份已经难以让普通人望其项背，他还是一直选择每天乘地铁去公司。在清晨的地铁上，经常会有人遇见一副笑眯眯模样的他。即使再红，黄渤依然是真实生活的样子。

黄渤曾在微博上晒出一张在上海乘地铁的照片。有一次，被记者问起，他笑着说道：“当时也被一些乘客认出来，那就互相打个招呼，挺好的。”

黄渤说他乘坐地铁一个原因是赶时间，另一个更重要的原因是：“我离生活越来越远，所以找点儿机会感受一下。”

在很多访谈中，黄渤都讲过他乘地铁的故事，因为太久没坐过地铁，他甚至已经不知道地铁票怎么买了。

“当时就慌了，这种慌是从这一点延展出来的，突然就觉得自己不知道怎么演戏了，因为我都不知道世界变成什么样了，更别说那些社会底层的小人物了。”

这种“离生活越来越远”的状态已经和以前完全不一样了，甚至让他远离了曾最擅长塑造的小人物角色。

所以，即使再红再忙，黄渤也会去跟楼下摆地摊的小贩们来往上几句，跟他们讨讨生活的经验和感受，最大限度保持自己的真实和朴实。

有一次参加访谈，记者问黄渤：“自从拿了金马影帝之后，业界很多人觉得你是比较‘平民的影帝’，算得上是葛优的接班人，你自己怎么看？”

黄渤的回答很诚恳：“我自己没有觉得。人跟人不一样吧，跟葛优比起来，我还差得远。而且每个人对表演的认识也不完全相同。我只希望做黄渤。”

这就是黄渤，即使已经红透了半边天，他看起来和一个普通人依然没什么区别。黄渤曾经说过这样一个现象：“以前在北影附近，经常可以看到老太太跟小商贩讨价还价。她们也曾是明星，也是真正的大腕、艺术家。”

所以说，人不管多红，总有掉下来的时候，不要太把自己当回事。如果只是取得了一点儿成绩，就马上看不起别人，别人也会因为你的态度，而看不起你。

心理学研究表明：每个人内心深处都有着非常强烈的平等意识。我们渴望他人的尊重，渴望得到家庭和社会的认可，可以以一个独立的人格与他人平等地进行沟通。

仓央嘉措曾经说过：“我以为别人尊重我，是因为我很优秀。慢慢地，我明白了，别人尊重我，是因为别人很优秀，优秀的人更懂得尊重别人。对人恭敬其实是在庄严你自己。”

也许别人会因为你一时的成就而尊敬、看重你，但是请不要为此骄傲自满，也许别人只是碍于面子。即使是真的，如果接下来你的行为和姿态变得高高在上，也很快就会让人厌恶。谦虚的人，往往更讨人喜欢。

我们可以发现，不论是在娱乐圈里还是生活中，情商高的人总会给人一种谦逊有礼的感觉。他们或许是成功的企业家，或许是某一个行业的领头羊，但是不论怎样，他们都拥有足够傲人的资本。与人交往的时候，他们从来不会高高在上，甚至比一般人更平易近人。

在第11届金鹰电视艺术节上，胡歌可以说是当之无愧的赢家，他不仅夺得了“观众最喜爱男演员奖”，更拿下了“最具人气男演员奖”，是名副其实的“双料视帝”。

晚会后，台下的观众和网友纷纷为他睿智的获奖感言点赞，但讨论得更多的是他上台领奖前的一个动作。

当颁奖嘉宾念出最具人气男演员是胡歌时，他站起来向全场观众深深鞠躬，然后特意走到了李雪健老师的面前，双手合十，躬身低头，凑到他耳边真诚谦卑地说了四个字。

有网友经过反复回看这段视频，发现胡歌说的那四个字是“受之有愧”。

整个过程十分真诚而自然，获奖后胡歌也没有志得意满，依然谦逊有礼。在观众投票环节他获得了最具人气男演员奖，但是当面对李雪健老师时，却丝毫没有胜利者的心态，在老前辈面前永远保持着晚辈的姿态。

胡歌是娱乐圈公认演技好的男演员，同黄渤一样，即使他们再火，在前辈面前依然谦卑。这不仅表达了他们对前辈的敬意，也是对艺术的尊敬。对比那些经常在现场耍大牌的“小鲜肉”，他们不愧是年轻演员中的标杆。

谦逊努力的人往往非常尊重别人，也更能得到别人的尊重。尊重是人与人之间交往最基本的前提，也是一个人最重要的美德，如果一个人不尊重别人，终将自食恶果。

在日常的人际交往中，如何获得别人的好感和信任，取决于你待人接物的态度。这就像是一个人站在镜子面前一样，当你对它皱眉头的时候，镜子里的人也会对你皱眉头；当你对它笑的时候，镜子里的人也会对你笑。

尊重他人是人生的一门必修课，是人生的一道风景。情商高的人，即使自己获得再多的成绩，也不会贸然对别人的行为指手画脚。他们为人处世学会的第一件事情就是尊重他人。所以，他们往往更能获得成功。

保持初心，时刻不忘磨炼演技

对于一个演员而言，名气、“粉丝”、颜值、片酬……或许可以用来证明他的价值。但是，具有最重要意义，让他在娱乐圈中赖以生存的却是演技。

黄渤的颜值在俊男美女遍地的娱乐圈并不起眼，但不可否认，他的演技的确非常好。他饰演的人物总是能够轻而易举地让观众产生代入感，随着他的欢乐而欢乐，随着他的悲伤而悲伤。

但是，也许是黄渤演的电影票房很高，取得的成绩太过耀眼；也许是黄渤之前一直饰演喜剧电影中的小人物；也许是黄渤的情商太高，太会说话……很多人认为黄渤的演技被高估了，认为他只适合拍喜剧，饰演一些无厘头的小人物，去搞笑。

事实上，黄渤在演戏上很有天赋，他的表演感染力很强，能刻画深刻的形象，也能饰演不同的角色。在一些小细节上，诸如眼神的变化、嘴角不同的笑容等方面，他也很有心得。

比如，在《疯狂的石头》里，黄渤把黑皮那股子痞劲完美地展现了出来。在《斗牛》中，一个人、一头牛，演技全靠他的面部表情和动作……金马影帝实至名归。在《心花路放》中的离婚中年男人，那种憋屈、抑郁，还有哭戏，也非常让人动容。《杀生》里的狠劲，《101 次求婚》里的憨厚、老实、真诚，《西游·降魔篇》里被压了五百年神经质的猴子，都被黄渤刻画得淋漓尽致。所以，抛开情商不言，单论演技，黄渤也是近年来非常厉害的青年演员之一。

说起黄渤，人们的关注点往往在他那稍显另类的外形和他的成就之间的巨大“反差”上。其实，这些都是表面现象。如果我们细心观察就会发现，在黄渤的表演中，蕴含着不少“学问”。

黄渤擅长饰演小人物形象，演技特点鲜明、注重细节、表现力强，在源于生活的基础上，进行了自己的加工处理，以利于被观众接受。“对生活的理解，对作品的态度，对形体语言的充分使用”是黄渤一直在努力磨炼并提高的。

黄渤在小时候，梦想着成为一名音乐家。于是，还在上学的时候，他就组建了一个名叫“蓝色风沙”的乐队。然而，没有好的外貌，就算有个好嗓音依然得不到别人的赏识。跟他跑同一个歌厅场的满文军、满江、周迅、沙宝亮等人都火了以后，他依然晚上在王府井地下二层的小歌厅驻唱，白天骑着一辆破自行车，四处推销自己在广州录制的唱片。

沙宝亮曾经说过他第一次见到黄渤的印象，“当时我就觉得这哥们儿跳得挺好，唱得也不错，就是长得太一般了，觉得挺可惜的”。

后来音乐梦想破碎，黄渤回到老家后，在家人的帮助下开了一家五金工厂，正当生意蒸蒸日上的时候，受到金融危机的影响，厂子倒闭了。

黄渤当时已经投无路了，他的发小邀请他一起参演管虎的电影《上车，走吧》，从此为他打开了一扇新的大门。

黄渤真正成名之前，做过舞蹈老师，在酒吧驻唱过。这些看起来没有那么高大上的工作，却成为他以后在演艺界继续发展的宝贵经验。

然而“普通的长相”对于身处娱乐圈的明星来说，也是一个致命的打击。黄渤却能熟练地使用形体语言，用他的演技征服观众的心。

人们看电影时，只会注意到黄渤丰富夸张的表情，很容易忽视他在形体方面广泛而多样的表现。其实，几乎在每一部作品中，都有着黄渤专门“秀”形体功夫的段落。

比如说，在《假装情侣》中，有一段黄渤专门演绎的舞蹈，在《泰囧》中，为黄渤专门设计的特立独行的奔跑，或是在《厨子·戏子·痞子》中那一段搞笑的武术动作，在《杀生》中，黄渤的另类表演等，无一不显示着他将形体语言技巧运用得出神入化。

从进入演艺圈至今，黄渤已经演了30多部电影，口碑都很不错，有的还大爆，让他获得了影帝的称号。这种高质高产在华语电影界非常少见，依托《疯狂的赛车》《斗牛》《杀生》《亲爱的》《人在囧途之泰囧》《西游·降魔篇》到今天他自导自演的《一出好戏》等优秀作品，最终确定了他在演员界和导演界的地位。

但是，黄渤并没有躺在功劳簿上吃老本的想法，他总是在不断地挑战自己，尝试新的角色，磨炼自己的演技。

在谍战大戏《锋刃》里，黄渤不动声色地给了全国观众一个惊喜，西装穿着，眼镜戴着，皮草围着，和以往那些小人物比起来颜值不知提升了多少个档次！演惯了幽默搞笑类型的角色，这次出演沈西林对黄渤而言也算一次不小的挑战。

接下来黄渤在《青岛往事》中的表演更是登峰造极，他几乎是把多年来在表演上的心得体会都发挥了出来，把人物参透，淋漓尽致发挥着自己的演技。就像他自己说的，唯一让你的表演靠近角色人物的方法，就是你成为那个人。2016年5月21日，黄渤因在《青岛往事》中的精湛表演，获得第19届华鼎奖最佳男主角。

在2017年，黄渤搭档徐静蕾出演了他的首部悬疑片《记忆大师》，更是挑战自己，呈现给观众一个不一样的他。

没有人能够生下来就获得成功，都是在战胜一次又一次的困难、失败、挫折中成长，在成功的荣耀和喜悦中磨砺自己。还有就是，对待工作无比认真的态度。

黄渤曾说："工作细节上，比如说我演一个要饭的，蹲在地上喝茶，如果道具给我的茶碗是青花瓷的、揭碟的，我就接受不了。把我弄急了，真砸了那个碗。演年代的戏，如果打开一封信，里面的字是圆珠笔写的，还是横着的，我可能当场就撕了。"

就是这种不论是获得多么大的成功，依然不忘初心的态度，才让黄渤越来越成功。在生活中，我们想要获得成功，不妨向黄渤学习做一个情商高的人，无论做什么事情，都秉持认真的态度。

别人的意见，懂得虚心接受

在生活中，随着社会的发展，人们越来越有自己的思想和个性，尤其奉行“走自己的路，让别人说去吧”这句名言。但是，没有人是万能的，尤其在生活中人们更倾向于相信自己。于是，自身的很多缺点根本意识不到。

这个时候，别人的意见对于我们修正自己的缺点有着至关重要的作用。所以，我们不应该狭隘地看待人们给出的意见，需要去有鉴别地听取并根据实际情况灵活择取他人给予的建议。

黄渤成名之后，有一次在饭局上，遇到了陈道明先生。他对黄渤很赏识，于是心事重重地说道：“黄渤，我们这一代就把担子卸下来了，你们这代得撑上去，首先得对得起这个行业、对得起祖师爷，对得起这张脸。”

这话说得有些不客气，但是也正因为对方看中黄渤的才华，才会如此语重心长。黄渤不愧是娱乐圈高情商的代表，听到老前辈的话，他没有任何的不悦，很谦虚地接受教诲。

黄渤曾经说过：“前几年，行内的赞誉和奖项曾让我产生了一种自己无所不能的感觉，觉得不管什么我都能演好。然而没用多久，我就发现那是因为自己眼界没长，反而手长了。”

随着年岁的增长，黄渤看多了书和电影，知道了路漫漫其修远兮，“它也没个头儿”。他认为，老前辈说得对：“起码人家做这行时，是认认真真，是扛得住、站得稳的。能力是一回事，谁能保证每一部都怎样怎样？但态度得有。”

并不像有些人光说不做，黄渤说了之后，立刻化为行动，身体力行前辈说的话。黄渤演过的电影很多都是票房冠军，一路连获金马、金鸡、百花等各大奖项，但是他却从未放松。

比起开心、钱，作为国内青年演员的佼佼者，黄渤肩负的责任渐渐重起来了。随着时代的发展，中国的电影市场受到外国大片的冲击，国内票房增长率从 48.7% 暴跌到不足 4%。世事变化太快，谁也不知道这辈子还能拍多少戏。于是，黄渤对待表演越发地较真起来。

黄渤对于别人提出的意见，从来都不抱有敌对的态度，对于那些有利于自身发展的意见，更是虚心接受。正因为他这种谦虚的态度，才让他能够在成功的路上一路前行。

正所谓：“良药苦口利于病，忠言逆耳利于行。”也许那些建议并不是很好听，但是，却是真正对于我们自身有帮助的。

在生活中，很多人不喜欢别人对自己的生活指手画脚，但是一意孤行，很容易走到与自己原本目标相背离的路上。虽然走自己的路没错，但如果你能够多听一听别人的意见，就可以少走很多弯路。

其实，有很多问题并不是凭着我们的想当然就能够解决的，而是需要你去真正了解、客观分析才能找到正确的解决方法。如果只凭自己，连问题都发现不了，又何谈去解决？更何况，没有人是能够只凭着自己就成功的，前进的路上，离不开别人的帮助。如果全靠自己去闯，受伤的次数就会更多。因为你无法预料那个陌生的地方有没有陷阱荆棘，有没有毒虫猛兽。

古往今来，多少历史经验值得我们借鉴，多少名人前辈的光荣事迹值得我们学习。虽然我们不能像小马过河那样，全听他人的意见。但是，我们可以从中提取真正对我们有用的，然后结合自己的实际情况亲自实践一下。

俗话说："兼听则明，偏听则暗。"黄渤显然非常懂得这个道理。

虚心接受别人的意见，是每个成功者必备的素质之一。如那"以人为镜，可以明得失"的唐太宗，如果他没有听取魏征的谏言，对自己进行批评，又怎能出现"贞观之治"的盛景；还有著名画家达·芬奇，如果没有听取老师的批评和建议，又怎能画出传世之作《蒙娜丽莎》……所以，我们要多注意听取他人的意见，这样才能使自己永立不败之地。

众所周知，唐伯虎是明朝著名的"四大才子"，同时也是非常有名的画家和文学家。他很小的时候，就在绘画上展示出了超人的才华，一度被人们称为"神童"。

少年时，唐伯虎拜了著名画家沈周为师。他天资聪颖、勤奋刻苦，再加上对画画非常热爱，水平很快就有了很大提高。对于这样一个天才学生，沈周很喜欢，因此也常常称赞他。

被老师夸多了，唐伯虎渐渐地产生了自满的情绪。沈周看在眼里，急在心中，但嘴上却没有多说什么。

有一次吃饭，沈周让唐伯虎去开窗户，走到窗户边他才发现，旁边挂着老师沈周的一幅画，而且画画的技巧比自己高了好几个层次。唐伯虎非常惭愧，明白了老师的良苦用心，也虚心接受了老师的意见，从此再也不骄傲了。

在生活中，很多人在听到别人的建议或者忠告的时候，会下意识地认为对方是故意来找麻烦的。没有经过仔细聆听或者辨别，就去反驳对方。这样，恰恰就会失去人生中一笔宝贵的财富。

情商高的人，往往都拥有开阔的心胸。他们面对别人的建议，有着非凡的判断力，通常能够虚心接受，这种态度往往更能获得别人的好感，得到别人的帮助。因此，他们比那些不愿接受别人意见的人更容易成功。如果想要成为一个情商高的人，不妨多听听别人的建议，从中选取对自己有用的。

面对这个圈子的浮夸，学会冷静对待

有人曾说过："娱乐圈就如同一个名利场，无数的人在里面沉浮，感受喜怒哀乐。很多人都会被场中的名利繁华迷了眼，深陷在这种物质的满足中，欲罢不能，甚至丢弃了他们原本在此立足的资本。"

很难有人在成功面前，依然保持冷静。比如，有些明星在拍了某个影片出名了之后，不愿意静下心来，去磨砺自己的演技，让自己获得更大的进步，更喜欢通过炒作来保持他们的知名度。

因为磨砺自己的演技需要吃得了辛苦、耐得住寂寞和坚持不懈的努力，哪有只要嘟嘟嘴卖卖萌，就能获得大把粉丝和天价的报酬来得轻松呢？

黄渤在成为影帝之后，已经拥有足够的资本去享受了。但是，面对娱乐圈的浮夸，这个被人们称为"老腊肉"的男人，选择了一条和时下的"小鲜肉"完全不同的一条路。

即使黄渤不断创造票房纪录，拥有众多光环，但他对工作仍一如既往地专心和热情，这让和他合作过的陈坤都忍不住感叹："跟黄渤对戏时，突然发现我被娇惯了。"

《斗牛》这部电影拍摄的时候，黄渤饰演的牛二是主角。但是影片想要成功，其中最重要的就是需要牛的配合。在影片中，黄渤一个人要跟七头牛打交道。牛不像人，很多时候听不懂指挥，只是凭着它自己的喜好行事。黄渤为了这些大块头，费尽心思，很是头痛，但是他从来没有对此抱怨。付出总是有收获的，因为黄渤的努力，终于和牛培养出了感情，顺利拍完了电影。

在拍摄《鬼吹灯之寻龙诀》期间，导演组拍摄到凌晨正准备收工时，精益求精的黄渤突然说，“等等，我还有一个 idea”。

即使参加比较轻松的综艺节目《极限挑战》，黄渤也是凭借实力圈粉，从来不敷衍。有一期节目是黄渤和黄磊穿着相扑道具服摔跤，两个人都很认真，直到最后快虚脱的时候才分出胜负。这并不是较真，而是对于工作，黄渤拥有一种很拼、很敬业的态度。

在娱乐圈里，有的明星获得一些名气之后，马上就失去了平常心，只想要去维护自己已经得到的名气，而不是想办法提升自己的实力，最终被名气所累，被圈子抛弃。这实际上是一种得不偿失的行为。

在成名之后，黄渤表明有段时间他也迷失在了荣誉里面。这个状态，黄渤曾在 2013 年接受新浪网娱乐频道记者采访时，谈过一次。

访谈的时候陈弋弋问黄渤，有没有膨胀过？

黄渤坦言说道：“应该也有，但是没让人看出来。后来发现，慢慢地，几乎所有人都对我说，你真棒，你真好，我太崇拜你了！听多了心里面会痒，你知道吗？”

陈弋弋继续问道：“痒是爽还是不爽？”

黄渤笑着说道：“当然不爽，这么玩命地夸我，让我很无助。我其实很清楚，一定会有往下走的一天，人都逃不过。”

后来在说到未来这个话题的时候，黄渤并没有执着于娱乐圈，他说：“至于下一个 10 年的事，谁知道呢，没准我成了一名画家。”

对黄渤来说，理想的生活是可以有更多的时间陪伴家人、旅行、摄影、画画写生。他知道，自己离幸福已经很近了，只是心境上还达不到真正的无欲无求，还有太多身不由己的东西在推着他向前走。

黄渤曾经说过，他特别欣赏陈道明前辈那种冷静与理智的气质，也很羡慕陈道明前辈那种低调谦和的生活方式，不为名利所迷眼。

后来，黄渤虽然还在喧嚣的名利场，但却仍然不放弃追求生活的美感。现在他会刻意在某个阶段让自己闲下来，看看书，写写字，让大脑变得更加清醒。后来他又培养了一个爱好：在等戏的时候，拍些花花草草。一拍就入了迷。拍过的作品还会拿给大伙儿看，让大伙儿品评一下。

无论生活多么繁忙，获得再多的荣誉，黄渤依然用平静恬淡的心来应对名利场中的纷扰。即使名气再大，他也没有失去自己的本心。

在生活中，我们常说做人要宠辱不惊，不论是成功还是失败，都要保持一颗平常心。人生不可能是一帆风顺的，总会有波澜，如果因为成功或者失败而迷失了自己，那将永远不可能走向巅峰。

每个人都不希望自己的人生大起大落，然而很多事情并不是自己可以控制的，但我们却可以控制自己的情绪。在生活中，能够管理自己情绪的人，才是真正的情商高。即使是在逆境中，他们也会把这种波折当成自己人生中最好的历练。若是在顺境中，他们也会保持本心，冷静对待。为什么高情商的人更容易成功？正是因为他们不论何时都保持一颗平常心。

每一个人都有自己的认知，不必过分争辩

富兰克林曾说：“如果你老是争辩、反驳，也许你能偶尔获胜，但那是空洞的胜利，因为那样你永远也得不到对方的好感。”

争论实际上是一件进退两难的事情，如果你输了，那你就是输了，颜面无存；如果你赢了，你还是输了，因为你的行为让对方下不来台，失去了面子，同样还会失去别人对你的好感。

每个人都有自我倾向，如果你争论的最终目的是想证明对方是错误的，那么，你越努力地争辩，对方反而越相信自己是正确的。即使你在争论的过程中占了上风，依然改变不了对方的想法。与别人争论，最后会是一件两败俱伤的事情，永远没有赢家。

在娱乐圈中，与人争辩的事情经常会发生。对此，黄渤却有不同的处理方法。无论是参加访谈还是综艺节目，很多主持人都会在节目中调侃黄渤的“颜值”，以此来活跃气氛。比如说，黄渤在参加《光荣绽放》金马奖颁奖前夕访谈的时候，主持人问道：“恨过自己为什么长这样吗？”

这个问题太直白，一般人早就生气了，黄渤却是笑着回答：“没有哎，有的时候吧，鸡立鹤群不是一件坏事。”

主持人依然不依不饶地说："但你这长相我还是想多聊聊。"

黄渤没有去和主持人争辩，而是故作严肃地说道："我们今天一定要在相貌上做足文章吗？回去我万一有自杀倾向，回来找你们吧？"

一句话，顿时让主持人笑了起来，也将话题从"长相"上转移开了。

还有一次，黄渤和王迅一起去参加《大牌驾到》，主持人谈着谈着忽然对黄渤说道："你爆一个关于王迅的料吧。"

这个时候如果说不好，就会破坏节目效果；如果说实话，无疑会得罪朋友。黄渤想了想说道："王迅他特别抠门，从来不请客。"

主持人一副惊讶的样子："真的啊？那平时都是你请客吗？"

黄渤卖了一会儿关子说道："也不一定，我们俩一块儿谋着别人请。"

接着主持人问道："《极限挑战》这个节目既有张艺兴这样的'小鲜肉'，也有像你们这样的'老咸肉'。"

黄渤挑了挑眉说道："'老咸肉'？你这样说孙红雷，我很不高兴。"

面对那些刁难的问题，黄渤并没有和对方去争辩，也没有想过据理力争去说服对方，而是巧妙地转移话题，用幽默去化解。这样既能避免矛盾的产生，又能让别人为你的高情商产生敬佩之情。

实际上，很多时候，在与人争辩的时候，很容易陷入情绪化，失去理智，甚至口不择言，到后面就渐渐演变成人身和人格的攻击。所以才有人说："用争夺的方法，你永远得不到满足；但用让步的方法，你可能得到的比你期望的更多。"

"战胜"对方最好的办法就是避免争论。我们在争论即将到来的时候，首先要克服自己的情绪，建立高水准的自尊，对人做到"低压力"，适当地做出让步，同时语调温和，让对方自己意识到错误，这样才是以柔克刚的大智。

俞敏洪向来以脾气温和著称，新东方的成员发生争吵的时候，最后的矛头多是指向俞敏洪。不论责任是否在于俞洪敏，他都不会当面跟争吵者起冲突。所以俞敏洪在新东方有一个了不起的纪录，就是他从来没有跟人当面发生过冲突。

他曾经这样说过：“如果我以非常强硬的姿态出现在新东方人的面前，那新东方早就散架了。原因非常简单，新东方人都是一些自恃清高的知识分子，知识分子最不能忍受的就是自尊心和尊严受到伤害，言语之间如果伤害了他们的自尊心，他们根本不能接受。”

俞敏洪在日常生活中总是会避开冲突，等争吵者发过脾气以后再去沟通。这是一种高明的沟通艺术，因为这个时候，争吵的人都已经冷静下来，是对是错也就很容易辨别出来了。这也就是那些性格迥异的精英人才愿意跟随俞洪敏一起拼搏的真正原因。

俞敏洪的这种性格经常被人称为“软弱”“和稀泥”。但是，也正是这种宽容的风度和胸怀，使他亲和平易，使他在矛盾纠纷中有退让的余地，能化干戈为玉帛。

情商高的人，不会强迫别人接受自己的观点，也不会和别人产生无谓的争论，那只是浪费时间罢了，还不如将时间利用起来去做更有意义的事情。

怀有悲悯之心，才能更走近人心

孟子曾说过：“人性本善。”具有怜悯之心、恻隐之心是人的一种天性。在生活中，没有人会喜欢幸灾乐祸的人。情商高的人，常常怀有悲悯之心，他们能够理解别人的不幸，并身体力行地去帮助对方。

黄渤，通过公益来表达自己的悲悯之心。在早年的拼搏中，他天南海北地闯荡，历经千辛万苦。这些经历使得他更能体会弱势群体的辛酸无奈。所以，当黄渤有能力去帮助别人的时候，才会如此不遗余力。

黄渤曾经说过：“当你从社会中索取了一些东西，你就会自然地想要回馈社会一些东西，这是一种发自内心的行为。”

2010年，他担任“母亲水窖”宣传大使，积极呼吁大家关爱生命，保护水资源；2013年，他发起“筷乐行动”系列公益活动，旨在号召大家外出就餐自带便携筷，倡导“筷乐”的环保理念……他做这些事情并不是为了名利，只是因为他想“踏踏实实做点好事”。因为这些举动，他更被人们称为“国民暖叔叔”！

心地善良的人，才会对别人怀有悲悯之心，这样的人才更能获得别人的好感和信任。黄渤不仅对公益热心，在日常生活中，也乐于帮助别人。

参加综艺节目《极限挑战》时，黄渤对每个人都非常照顾，尤其是对还算新人的张艺兴，更是照顾有加。在张艺兴生病的时候，他亲自背他去医院，并且告诉他，身体最重要。在拍照的时候，他拉着张艺兴站到前面告诉大家，“这是我们家的孩子，大家多照顾一点儿”。

当被人问起，为什么对张艺兴这么好的时候，黄渤说道：“艺兴是正当年的毛头小子，正是劲头十足的时候。看着他就像看到我自己曾经的影子，当然除了长相。是说他要面对的竞争压力，还有对自己的要求和这个阶段需要的打拼方法。所以我们能照顾就多照顾一点儿。”

情商高的人，做事情从来都是说到做到。说而不做，是一个人没有信用的表现。当然，对人或者事怀有悲悯之心，并不是让我们随便去同情别人。帮助别人虽然是一件好事，但是在帮助别人的同时，我们也应该尊重对方，顾及对方的自尊心。

他们富有同理心，而不是同情心，不会以一副高高在上的模样去帮助别人。同理心的含义是能够“设身处地理解”“感情移入”，重点是能够“共情”。即能够设身处地对他人的情绪和情感认知性地觉知、把握与理解，能够将心比心，换位思考。

当一个人富有同理心的时候，就能够对别人不幸的事情感同身受，他们心中也是柔软善良的，会设身处地地去帮助对方。比如，很多人在街边看到一个乞丐，富有同情心的人会去帮助对方，给他几块钱。但是这个时候，他们心中会产生一种优越感，是抱着施舍的态度去帮助他人。而富有同理心的人，他们愿意弯下腰，以平等的态度去帮助对方。

真正的情商高，是拥有善良温柔的内心和与人相处的真诚。怀有悲悯之心的人，往往更具有包容心，他们能够将机智落在实处，融进日常细节。

何炅的主持功力获得了业内业外人士的一致认可，他更是业界难能可贵的大咖，即使非常出名了也不会对人摆架子，而且对于有困难的人十分照顾。

在李易峰还没有出名，事业正处在低谷的时候，他常常去找何炅谈心。何炅每次都非常有耐心，即使工作再忙碌疲惫也不厌其烦地开导他。

还有一个主持专业毕业的男孩，被分配到了何炅身边做助理，何炅并没有自恃大明星的范儿，而是尽自己所能地提携他，并且让他在自己的电影中担任角色。而对待来自他人的感激，他只是淡淡地说："身边的这些年轻人、小朋友，我都希望能帮就帮到一点儿。"

一个人的教养，不是浮于表面的礼貌的言谈举止，是对待无关的人时，也能谦逊和友善。当你帮助别人的时候，别人心中会对此产生感激，自然就会对我们产生好感。这也是为什么，在社交场合，乐于帮助别人的人更受欢迎。

如果你想要成为一个受欢迎的人，可以多培养自己的同理心，多去帮助别人。那么，怎样培养同理心呢？

1. 准备好接收对方的情绪信号

保持冷静，不要让自己的情感信号对理解别人造成干扰，以便接收别人微妙的情绪信号。

2. 积极倾听对方

认真倾听对方的心声，你才能体会他人的感受，才能更好地理解对方。

3. 学会察言观色

善于观察对方，并且能够换位思考，想对方之所想。同时配合肢体动作，在别人叙述的时候给出相应的肢体反应，让对方感知到你听进去了，而且也体会到了他的感受。

那些在别人有困难的时候袖手旁观，甚至幸灾乐祸的人，人们都是不喜欢的。情商高的人，懂得照顾别人的感受，善于在生活中调节气氛，缓解尴尬，并且经常给予别人肯定和鼓励。如果你能按照这样的准则行事，当你遇到困难向别人寻求帮助的时候，也会获得别人的帮助。

第六章

真诚不装，平易近人
才更具人格魅力

错了就立即道歉，一点儿都不丢人

在生活中，有一些人习惯于“死不认错”。即使是自己有错在先，碍于面子，他们也往往咬住口，就是不承认。这实在是低情商的表现。

如果你做错了事情，立马道歉并不丢人，反而有种光明磊落的意味在其中。这表明你是一个有担当、值得信赖的人。

前段时间，一条“黄渤道歉”的微博上了热搜。事情是这样的：

在北京国际电影节闭幕式上，黄渤被邀请为开场嘉宾，在台上负责活跃气氛。当念到佟丽娅的名字时，竟然念成了“Tong Ya Li”。当他的声音落下时，台下有些安静，佟丽娅的脸上也有些尴尬。

黄渤意识到自己的错误，赶忙机智地说：“上台前还开玩笑，别像上次一样再说错了，果然又说错了。”

一般人将场子圆回来之后，也就放下了。而黄渤接下来的做法，更让人心服。等到晚宴结束之后，黄渤迅速在微博上向佟丽娅真诚地道了歉。

黄渤在微博上写道：“能力有限，压力山大，上台前还开玩笑说别像上次一样再说错了，默默地把所有名字又念叨了一遍……结果……果真……把佟丽娅念成了 Tong Ya Li。”然后在后面放上了佟丽娅的美照，并 @ 了佟丽娅，还不忘开玩笑——“这事得多少顿饭，才能摆平”。

当然，佟丽娅的情商也让人叹服，她在黄渤的微博下面评论道：“渤哥，你别紧张，你只是叫出了我的曾用名，就是怕‘亚丽’压力大才改的。”

之后她也发了一条微博说：“兑现速度快！饭局阵仗大！这波操作‘666’！赞一个！@黄渤（这才第一顿）压力大不大。”并且在微博的后面配上两人的饭局合照。

两人的高情商互动，惹来一众网友的夸赞，更有网友调侃，“黄渤老师是故意想请丫丫吃饭，丫丫要多吃几顿补回来”。本是一场口误的尴尬，因为黄渤勇于承认，并且真诚地向对方道歉，不仅化解了当事人心中的不快，同时也让人更加佩服他的机智和认错的勇气。

《左传》中说：“人非圣贤，孰能无过？知错能改，善莫大焉。”没有人能够保证自己一直不犯错，但是犯错之后的态度，往往能够看出一个人的品行。

当人们犯错的时候，总是下意识地为自己找理由，将错误推到别人的身上。因为如果要承认错误，就相当于去否定自己，这无疑会让自己心里很难受。

然而，一味地将错误推给别人，不能勇于面对真实的自己，就不能打破自身的屏障，在错误的道路上一去不复返。而且不愿承认自己错误的人，往往心中自视甚高，认为自己才是最正确的。

这不仅是一种得罪人的行为，也是不尊重他人的表现。比如，像是黄渤在公众场合念错了佟丽娅的名字，本就是他自己的错误，若是他不承认，反而为自己的行为找各种理由，不但不尊重佟丽娅，同样也会让别人看不起。其实，诚心道歉不但可以弥补破裂了的关系，而且还可以增进彼此的感情。

一方认错，另一方大度表示原谅，你来我往之间才能使感情更加亲密。所以说，勇于认错，承担责任，并不是懦弱的表现。诚实地认错，才能为你赢得真正的朋友！

古人云：“前来车覆，后车诫。”意思就是说做错了事情，勇于承认错误才能不断地提高自己、超越自己。

电视剧《听见你的声音》中曾说过这样一句话：“任何有尊严的人都能捍卫自己的信念，但层次更高一点的人，才能毫无保留地立即承认错误。”

情商高的人，精神层次往往比较高，这种层次和金钱、地位没有关系，而是自身修养的一种体现。面对自己所犯的错误，精神层次高的人能勇于承认。而那些精神层次低的人不是找理由解释就是不承认错误，相对地他们的情商就比较低。

有人说，勇于承认错误是一个人成熟的标志，这表明了一个人的谦逊姿态。也有人说，勇于承认错误，是一个人优秀的品德。更有人说，勇于承认错误，是一个人有自信的表现。

事实也是如此，勇于承认错误的人，不惧别人议论的眼光，因为他们的心中已经有了改正错误的勇气。只有那些不敢直面错误的人，才会在意别人的议论，并且急于去掩盖错误。

《墨菲定律》一书中，对于承认错误是这样说的：“错了就是错了，承认也没什么大不了的。只有认识到自己的错误，才能看到自己的不足。只有敢于承认错误，才能获得进步。”

的确如此，当我们有了直面错误的勇气的时候，就会发现，其实那些我们看作比天大的错误并没有什么了不起的，我们不想承认，只是因为缺乏勇气否定自己。

然而只有知道自己错了，敢于承认，你才能够虚心听取别人的批评和建议，客观分析错误的原因，找到症结所在，努力克服，然后才能避免在今后的工作和生活中再犯类似的错误，甚至举一反三，减少更多不必要的错误发生。

我们可以发现，那些犯了错喜欢将责任推卸给别人的人，很少有成大事者。

情商高的人，明白错误是提高他们自身能力的阶梯，不断认识错误，改正错误，他们才能够让自身的能力更加完善，最后走向成功。所以，犯了错，不需要逃避，勇于改正自身的不足，我们就能获得成功。

就算是评价别人，也要有理有据

虽然我们常说不要“评价别人”，但我们无法避免这种事情。比如，你的朋友今日换了一个新发型，询问你好不好看；你的同事做了一个新企划，让你看后给出意见；你是一个企业的管理阶层，老板向你询问员工的表现……

无法避免的事情，你也不必如“胆小鬼”一样逃开，但是评价别人时，不能虚伪应付，而是应该言之有物，有理有据，掷地有声。

黄渤在《康熙来了》中用调侃的姿态，揶揄赵又廷既帅又笨。

蔡康永说：“你也觉得赵又廷讲话很无聊吗？”

黄渤调侃道：“无聊不足以概括吧，他虽然没有很强烈的个性，有距离感，但时间长了会有安全感。”

后来在 2011 年，黄渤和赵又廷一起主演了《痞子英雄》，一起去《SS 小燕之夜》做客宣传电影。

在节目中，张小燕问黄渤对赵又廷的看法，黄渤回道：“我有的时候就在想，真是奇怪，老天爷怎么可以这样，就是家庭环境，然后人的性格、外貌长相，这个际遇天分，都给他。”

“对，我也要讲一个，他的那个人品、礼貌，我觉得真的是不容易，对不对？所有优点都集聚到他身上，真是奇怪。”张小燕接着黄渤的话，又夸赞了一番赵又廷。

评价别人，绝不是嘴皮一动就可以的简单事情。有一些好事之人，对于别人的事情尤为感兴趣。他们总是迫不及待地以上帝般的姿态介入别人的生活，不论事情的真假，都以自己的好恶去评价别人。

但是，一些不切实际的评价很容易给对方造成心理伤害，比如当着一个胖子的面评价她身材难看，当着其貌不扬的人的面评价他长得丑，对一个不那么聪明的人评价他能力很差……

当一个人以自视甚高的心态去评价别人的时候，心中就会失去对自己的克制和对他人的尊重之心，认为自己的话便是金玉良言，他人就是如此。

《奇葩说》开播之后，几位嘉宾因各自的点评风格受到了观众们的喜爱。

主持人马东曾经这样评价他的三位搭档：“我喜欢高晓松，是因为他身上有一种无缘无故的牛 × 劲，他的学识、见识促成这样。

“我喜欢何老师，是因为他的情商特别高，有那种周到和八面来风尽在掌控的气场。”

而对于蔡康永，他的评价则是这样的：“我喜欢你，因为你除了兼具这两点之外，最重要的是你还有一颗特别恶毒的心，你的胸口有一个特别恶毒的眼睛去看这个世界，你问问题时如同一把温柔的刀，那个恶毒的点让我特别佩服。从表面上看，你是个‘鸡汤王’，但是骨子里却把这个世界看透，有着自己的高傲，坚持去做自己真正想做的事情，委婉而完美地说自己想说的话。”

马东的评价有理有据，毫不掩饰对搭档的欣赏，又不让人觉得谄媚逢迎，他高明的说话之道让人赞叹。在生活中，我们评价别人时，不仅要言之有物，还要注意下面几个要点。

1. 对于优点，稍微夸张，但不失实

虽然夸赞别人时要实事求是，但稍微夸张会起到不错的效果。我们可以遵循“三七原则”，即七分真实外加三分在真实基础上的夸大，这样听者会更乐意接受。

2. 尽量举出实例为证

举出实例为佐证，能让你的评价更真实。比如，你要评价一个人有品位，那就拿他今天的装扮为例子。如果你想夸一个人的厨艺精湛，那就对他在某次家庭聚会上做的菜加以表扬，这样会显得真实可信。

3. 考虑对方的感受

评价别人，最忌讳的就是口无遮拦。我们在表达的时候要考虑对方的感受，最重要的是，要学会避开对方的隐私、痛处。很多人在评价他人时，以自己为重，劝谏之语变成抱怨、指责、批评，引来对方的反感。即使是为了对方好，也应言语委婉，以他人能够接受的方式去表达。

给别人评价，既不能一味地批评，也不能一味地赞美，有理有据才显得客观真实，让对方信服。同时，在评价别人时，应全面了解对方，不要戴着有色眼镜去看对方，尤其不要受别人片面的论断影响，这样才能给出正确、中肯的评价。

敢于正视自己的短处

完美无缺，是很多人追求的一种理想状态。有人说："每个人，都是被上帝咬过一口的苹果。"人们身上难免会有这样或者那样的缺点，然而不同的人面对自己的短处有着不同的处理态度。有的人正视短处，从中脱颖而出，有的人用假面掩盖自己的缺点，反而深陷困扰之中。

娱乐圈中大多数明星拥有高颜值，并且多才多艺。他们演技不行，就用颜值来凑。而那些颜值不怎么高，甚至可以说低的明星，发展就会有局限。

很多人说黄渤是娱乐圈中的一个奇迹，明明颜值不高，却凭着自己的才华和高情商在娱乐圈中闯出了一条坦途大道，获得了众多粉丝的喜爱。

然而，即使已经"封帝"，黄渤还会因为颜值的问题遭到别人的调侃或者恶劣的嘲讽。对着一个丑的人说丑，那就如同对着一个和尚骂秃子一样恶劣。即使性格再好的人，一再被人戳及痛处，都会恼羞成怒。黄渤却是独辟蹊径，不但不生气，反而自黑起来。

很多人对于黄渤的印象都是幽默风趣，是一个从来不会生气的老好人，这正是因为黄渤敢于正视自己的短处，勇于自黑的结果。

人们将黄渤称为"自黑系"明星的典型代表，有些人是开玩笑，有些人则是因为嫉妒他的成就而故意去嘲讽他的容貌。

但是每次，黄渤都能用自己的高情商去化解。2018 年 2 月，黄渤的蜡像出现在杜莎夫人蜡像馆，这是对黄渤演技的肯定。有一次，黄渤去看自己的蜡像，正好碰到自己的粉丝。

于是，有粉丝问道："渤哥，为什么你的蜡像是坐着的？"

黄渤笑着回道："可能是因为显得高吧。"

不论是在娱乐圈，还是在生活中，黄渤的身高都不算高，但是遭到别人调侃时，黄渤从来没有避开过，反而大大方方地面对。因为他坦然的态度，别人反而会因为自己的嘲讽而感到不好意思。

我们常说要正视自己的缺点，这句话说起来容易，做起来却十分困难。对于自身的缺点，每个人最常见的做法就是扬长避短，用自己的优点去将其掩盖。并不能说这种做法是错误的，有时候其反而是最优选择。

但是，对于自身的缺点，如果一直逃避，那么缺点就会一直存在。久而久之，因为你的重视，这些缺点就会成为你不能提及的痛处，成为你突破自身的障碍。

其实，当你正视自己缺点的时候就会发现，缺点并没有想象中的那么可怕。当你能够正视它们的时候，它们就会成为你坚实的壁垒。无论别人怎么做，都无法再伤害你。

诙谐幽默的语言能轻而易举地化解别人的刁难，正视自己的短处，那么这个短处就再也不能成为你的弱点，任凭别人怎样嘲讽挖苦，你自岿然不动。

那么，我们在生活中如何正视自己的短处呢？

1. 正视自己的缺点

正确认识自己的缺点，不要用自己的缺点去和别人的优点作比较。在认识到自己的缺点之后，客观地进行分析，及时找到正确的改正方法。

2．勤能补拙

即使某件事情是你的短处，也不要害怕。找到改正的方法之后，一直重复去做，熟能生巧，勤能补拙。只要你付出了不懈的努力，总有一天你的短处也会变成你的长处。

3．有一个乐观的心态

不论做什么，心态很重要。如果有一个乐观的心态，那么无论做什么事情，你都会发现其实没有那么困难。

4．努力将自己的缺点变为优点

虽然说起来容易，但是做起来困难。在这个过程中，你要拥有坚持不懈的毅力。当你努力将自己的缺点变成优点后就会发现，你的能力提高了很多。即使是一些外在无法改变的缺点，只要能够正视它们，以后也就不会再为它们所困扰。

情商高的人能够勇敢地面对自己的缺点，然后战胜它，并且在这个过程中不断提高自己的能力，直到他人再也不能凭此来伤害他们。缺点并不可怕，可怕的是我们没有战胜它的决心。因此，在面对自己短处的时候，万不可逃避，正视它、解决它才是真正的成功之路。

过去的尴尬，以平常心说出来

在生活中，常常有这样一种现象：有一些人在成功之后，对于自己贫困、艰难的过往或者过去发生的尴尬的事情唯恐避之不及。一旦有人提及，便会认为对方是在侮辱自己。

即使一些成功者，也会因为被提及某些过往的尴尬而心中恼怒，在情绪激动的时候做出不理智的行为。这种失去平常心的行为，实在不是情商高的表现。

黄渤的成功，为人津津乐道。但是在成功坐上影帝的宝座之前，他的过往就像是一个小人物的奋斗史，充满辛酸和无奈。

在各种采访和访谈中，很多主持人都对黄渤的过往非常感兴趣，他们经常会围绕这个提问题，这样既能够吸引观众，又能够提高收视率。对此黄渤从来不避讳，有一说一，那些只是帮助他成长的经验而已。

每次黄渤都面带微笑地说："其实，过去的磨难对于我而言，反倒是一种宝贵的经验。有一次，我去拍一场戏。导演看了我一眼就火了，大骂：'这就是演员吗？这不是胡闹吗？'后来没有时间找别的演员，才不得不让我上。其实这样的事情还遭遇过很多，不过若是没有这些经历，也就不会有今天的黄渤了。"

过往的尴尬，正是如今成功的见证，并不是羞于见人的存在。反而因为你能够战胜过往，取得成功，更加让人敬佩。

黄渤面对过往的尴尬坦坦荡荡，以一颗平常心待之，别人不但不会因为那些尴尬的事情嘲笑黄渤，反而会敬佩黄渤坚持梦想的大毅力。

生活并不是一帆风顺的，尴尬更是如家常便饭般的存在。如果我们一直对此耿耿于怀，那就意味着我们并没有真正地放下。尤其是当过去的尴尬被他人重新提起来的时候，我们更心慌意乱，恼怒不已。

但“事无不可对人言”，大方承认自己过往的尴尬并不丢人。我们应该以一颗平常心去对待曾经发生过的“糗事”，即使被人提及时也不要盲目地去辩解。能够承认自己做过的事是一种美好的品质，甚至当你笑谈自己的“糗事”的时候，听众并不会因此而嘲笑你，反而会佩服你的勇气和风度。

情商高的人，对于过去尴尬的事情，能够保持一种坦然的态度。人无完人，没有谁能够一点儿错都不犯。“知错能改，善莫大焉”，只要引以为鉴，不再继续犯这个错误，就是最大的成功。即使有些事情我们避之不谈，也并不意味着不存在。我们不仅要坦然面对，在某些场合，还可以幽默地讲出来活跃气氛，在欢笑中拉近人与人之间的距离。

汪涵和何炅作为湖南卫视的当家主持，在很多时候很能放下自己的架子。有时候，他们还会讲一些自己的糗事，来活跃现场的气氛。

汪涵在主持《火星情报局》的时候，讲了一个自己刚参加工作时的经历。当时，他还是个实习生，每天跟着老师学习。那时候，人要眼睛里有活才能得到别人的喜欢，因此闹出了不少笑话。

有一次，他跟着老师出差，晚上就和老师住在了一个房间。当他看到老师的袜子扔在洗手台上，第一反应就是把这双袜子洗干净。

那时候，旅馆的居住条件不好，没有水，汪涵看到袜子上破了一个洞，就打算帮老师买一双干净的棉袜。正好门口有个小卖铺，他进去后才发现口袋里面只有两块钱，根本不够买棉袜，只能买一双女士丝袜。于是，他就买了一双。

尴尬的事情来了，当他回去将丝袜放在老师的床上之后，正好师娘来探班发现了，顿时和老师争吵了起来。

汪涵一讲完，大家顿时哈哈大笑起来。

其实，在生活中如果太在意一件事情，很容易让别人产生好奇心，进而对你产生误解。如果你自己不去在意那些发生过的尴尬的事情，别人也会一笑而过。

何炅也曾在节目中吐槽自己醉酒后的事情，他喝醉了不但会哭，而且经常在喝断片儿后做一些意想不到的举动。比如，有一次他喝醉了，第二天起床之后，收到酒友的短信说："何老师我一定照你说的去做。"

然而，何炅表示："根本不记得曾经说过什么。这种感觉太可怕了。"

这番话不但让观众们笑了起来，而且还引起了嘉宾和观众们的共鸣，增加了节目的喜剧效果。

情商高的人，他们着眼未来，不会一直为过去已经发生过的事情所困扰。在社交场合笑谈自己的糗事，不但能表现出自己的幽默风趣，而且还能让自己变得更平易近人。当然，你分享自己"糗事"的时候，一定要注意分寸。失去了分寸，你就会变成别人眼中滑稽的"小丑"，得不偿失。

不少演员演戏都认真，但黄渤是极度认真

娱乐圈里，虽然有很多明星为了名气各种炒作，但也有很多演员非常热爱自己的工作，对演戏非常认真，黄渤无疑是其中的翘楚。他能取得今天的成就，和自己极度认真的态度分不开。

著名导演管虎曾和黄渤合作过多部电影，两人也是多年好友，他曾经总结过自己和黄渤一直非常融洽地合作了这么多年的原因：“不少演员演戏都认真，但黄渤是极度认真。”

无论面对任何事情，黄渤都保持着认真的态度。与马云就“互联网生态环保”的对谈结束后，作为《鬼吹灯之寻龙诀》的主演，黄渤还得赶回剧组拍戏，几乎天天拍到凌晨三四点收工。看着黄渤每天奔波，忙个不停，黄渤工作室的负责人都快愁死了，每天都在跟档期、时间表纠缠不休。

有一次采访黄渤，有记者不解地问：“黄老师，说真的，您不累吗？怎么看您每天都精神头儿十足？”

黄渤幽默地说道：“废话，当然累啊，这几天都‘非人类’了。不过总结一下，我就是服务型人格，尤其在发布会这种场合，就特别希望把影片该传递的信息传达出去，也希望记者回去好写一点儿，现场捕捉的镜头好看一点儿，

要不大家都在那儿吊着脸干坐着，多没意思。”

认真是一种生活的态度，更是一种个人魅力。当一个人用认真的态度去生活的时候，就能够真正地沉下心来专注于某件事，这无疑会大大增加事情成功的可能性。

认真，并不仅仅是在做某件大事或者面对某个大人物时才能有，而是融于生活中的点点滴滴。比如，它可以是清晨每一句英文口语，也可以是每一份精心准备的早餐。它可以出现在两个至交好友之间，也可以出现在两个萍水相逢的人之间。

总结起来，不过是一份认真对待生活的态度罢了。生活从来都不是匆匆而过，我们更不仅仅是为了活着而存在，而是每一刻都应该细细品尝人生的旅途。

在生活中，我们常说态度决定水平、细节决定成败。也许每个人的能力、素质有差异，但决定事情成败最关键的因素在于我们的人生态度。

当我们端正态度，认真、勤恳地面对生活中的每一件事情的时候，就能发现我们可以凭借自己的能力把工作做到力所能及范围内的极致，而且这种踏实认真的态度可以弥补我们自身能力上的缺陷，使自己的个性和人格更加完善，能力不断提高。

没有人会不喜欢认真生活的人，成大事者，做小事也会非常认真。认真是一种美好的品质，也是每个人都应该具有的品质。当然，认真并不是较真。做人较真，是说一个人爱钻牛角尖或认死理；而做人认真则是认真认识自己、认识世界，认真地学习。两者完全不能混为一谈。

喜欢看综艺的人都知道汪涵，他是国内著名的娱乐节目主持人，同时也是人们公认的态度认真的人。

作为一名主持人，汪涵需要去了解现场嘉宾的世界观、人生观、价值观，以便更好地与嘉宾交流互动；同时只有深刻地了解了对方，才能在紧急情况下想到合适的办法救场。这也是一个好的主持人应具备的随机应变的能力。

认真是一种态度，更是一种能力。当我们凝神聚力去做一件事情的时候，很快就能取得成绩。同时，认真还是一种素质，凡是做事认真的人，通常都是具有很高综合素质的人。

拥有认真的态度还是情商高的表现，凡是生活中的那些成功者，他们无论对待大小事情，都保持着认真的态度，这样才能够将每一件事情做好。

如果我们想要成功，首先就要有一个认真的态度，形成无论做什么事情都认真的好习惯，这样，即使最后不能成功，也无愧于心。

真诚的态度可以感动每一个人

与人交往时，有一个真诚的态度非常重要。真诚，是拥有一个好的人际关系的基础。有的人很会说漂亮话，但是他们说的话并不是从真诚出发，即使他们越来越会表达，但真诚和善良却越来越少。

在娱乐圈中，黄渤是一个特立独行的存在。他的身上没有大牌明星的架子，不论是对远胜他的前辈，还是崇拜他的粉丝，都抱以真诚的态度与之交往。

2014 年，黄渤主演的电影《心花路放》上映，获得了一致好评，赢得了很高的票房，黄渤也因此成为众人追捧的喜剧明星。那时候，黄渤已经成为影帝，有他参演的电影就相当于票房的保证。

就在黄渤名气大增的时候，有一次他接受采访时记者问道："黄渤，以你现在在喜剧电影界的地位，是不是会成为新的'喜剧之王'？"黄渤十分真诚地说道："在前辈面前，我还是不敢造次。"很多网友听了这句话直呼："这就是向前辈致敬的'模板式'话语！"

黄渤的这一番话，既肯定了自己的"光芒"，又将葛优等喜剧电影界的前辈抬高到了一个更高的层次。让人听了觉得非常的真诚，也非常令人感动。

毋庸置疑，很多时候，一个人的真诚能够帮助他渡过难关。因为，真诚是一种人生态度，更是一种最高级别的情商。人们喜欢和真诚善良的人交往，就是因为他们能够堂堂正正做人，对于任何事情都秉持着明明白白的原则。在任何时候，都坚守自己的本心，无愧于自己。

与人交往的时候，只有真诚才更能得到对方的信任，和对方成为真正的朋友。林肯曾经说过："即使你能在所有时候欺骗某些人，也能在某些时候欺骗所有人，但你不能在所有的时候欺骗所有的人。"

无论何时，拥有一个真诚的态度至关重要。很多人遇到难事的时候，经常会说这样一句话，即："精诚所至，金石为开。"这其实就是一个人真诚态度的一种表现。随着社会的发展，聪明人越来越多，能言善辩的人也有一大堆。但是，真正能取得别人信任的，往往是那些心怀真诚的人。因为，只有对人真诚，才更容易获得别人的帮助。

雷军在成功创办小米之后，开始转战别的投资。这个时候，很多想要创业的人都会去找他投钱。

有一次，一个曾写过文章骂雷军的记者想要创业。于是，他找到了雷军，请他投资。雷军很爽快地答应了，并且出乎记者意料的是，一下子给了他800万。

很多人不解，问雷军："他之前还骂过你，你不生气吗？怎么还给他钱？"

雷军笑了笑说道："虽然他写文章骂过我，但是我对于他的为人很了解。他这个人很真诚，所以，我相信他不会胡乱挥霍我给他投资的钱。而且，我相信他能把事情做好，能够成功。"

事实证明，雷军的眼光是正确的，这个人并没有辜负雷军的信任。凭借他的努力和手段，最后把企业做得很成功，给雷军带来了不菲的回报。

其实，真正的情商高不是我们见到的那些所谓"见人说人话，见鬼说鬼话"、左右逢源之人，而是待人真诚之人。我们常说做事先做人，其中最重要的就是时时刻刻秉持一颗真诚的心。

俗话说，种什么因，就会得到什么样的果。如果你播种的是虚假的种子，就会受到别人的质疑和远离。与之相反，如果你种下的是真诚的种子，那同样也会收获别人的真心相待。

南怀瑾曾经说过：“一个人的修养，对人对事，都要有这种‘祭神如神在’的心理。否则，表面上非常恭敬，内心里又是另一回事，那是没有用的。所以由于孔子的这番话，了解了祭礼，依此来讲做人的道理，也就可以触类旁通了。”

没有人会喜欢口是心非之人，即使他们的花言巧语一时获得人们的喜爱，但是时间久了，真面目暴露后，就会立刻被人们厌恶。

尤其是在职场中，只有对待同事真诚，才能够得到他们的信任，获得他们的支持。我们可以发现，在职场中，待人真诚的人才能走得更远。

待人真诚是我们为人处世的原则之一，也是我们情商高的体现。在生活中，如果想要有一个好的人际关系，我们不妨摒弃那些空话、套话，以真诚的态度与人交往、做事。久而久之，自然能够获得别人的信任和喜爱。

内心真诚，对人才会真诚

古往今来，口蜜腹剑之人从不会少，嘴上说着好听的话，内心却无时无刻不在算计你。这样的人，即使表面一副真诚的模样，在与人交往的时候也不会有多少真心。这样表里不一的人，很难得到真正的友谊。

在很多人眼里，黄渤是一个很难得的人。当他成为影帝之后，身上依然保留着质朴的品质。就好像现在的成名只是证明他多年辛酸打拼的成果，而没有改变他自身的美好品质。

很多人都会奇怪，为什么黄渤还没有成为影帝之前就有那么多的人愿意和他做朋友？包括大导演管虎、宁浩，或者是演员徐峥、刘烨等，还有不少娱乐圈女神级的明星如林志玲、徐静蕾、舒淇等。

甚至林志玲还曾自称是黄渤宇宙第一迷妹以及台湾后援会荣誉会长，在她的眼里，黄渤踏实、真诚又细腻，唱歌超好听……全身充满了快乐细胞。并且她说和黄渤相处，总能心情愉悦。

只有内心真诚，才会在与人相处的时候不作伪装。对于一个人是否真心实意地和你相处，每个人都有自己的判断方法。也许短时间内可以伪装得很完美，但是时间一长，就很容易露出马脚。没有人会喜欢和一个不真诚的人交往，因为很多时候，他们无法判断他说的是真还是假，不如一开始就远离。所以，生活中那些不真诚的人，身边往往很难有朋友。

古人曾说过："君子所以异于人者，以其存心也。君子以仁存心，以礼存心。仁者爱人，有礼者敬人。爱人者，人恒爱之；敬人者，人恒敬之。"

简而言之，只有对人真诚，别人才能真诚对你。真诚待人是最基本的待人之道，更是一种高明的处世之道。

一个内心真诚的人，无论是对人还是对事，都能抱有一份诚恳的态度，一颗真实的心，无条件地信任他人。这种真诚会在无形中影响他人，让别人也会产生信赖之感。所以，当真诚的人遇到困难时，会有很多人不计回报地去帮助他。

很多人在理解情商高的时候，容易陷入一个误区：认为高情商就是能说会道，凭借口才在社交场合拥有自己的一片天。就像心理学大师丹尼尔·戈尔曼在《情商》中对智商和情商描述的那样："智商高、情商也高的人，春风得意；智商不高、情商高的人，贵人相助；智商高、情商不高的人，怀才不遇；智商不高、情商也不高的人，一事无成。"

然而，真正的情商高并不在于你多会说话，而是在于你说话是否真诚。在与人交往的时候，秉持一颗真诚的心，就算没有那么多的巧话、套话、空话，也会得到别人对自己的认可。

蔡康永是公认的高情商之人，虽然他和黄渤是不同领域的人，但是同黄渤一样，都有着很好的人缘。在《奇葩说》播出的时候，很多人都被蔡康永的高情商圈粉。不管辩论题目多没节操，他都可以讲得很高尚。不管对方语言多么粗糙低劣，他都能巧妙地拗回来，回归优雅。他的态度永远真挚诚恳，用词恰到好处，令人如沐春风。

蔡康永和黄渤在待人接物上有异曲同工之妙，都是源自内心的真诚。他们往往用心去倾听别人的语言，用心去体会对方的意思，然后真诚地将自己的观点宣之于口，给予对方足够的尊重。

真诚的人，在与人相处的时候，往往会替别人考虑，主动解围，不让别人陷入尴尬之中。著名主持人何炅在很多节目中都展现出了自己的高情商，在关键的时刻帮助很多人解过围，不但获得了很多人的友谊，而且还收获了无数粉丝的喜爱。

有一次，他主持《歌手 2018》巅峰会，在最后宣布结果的关键时刻，何炅正在声情并茂地烘托悬念："吸引的人数为……"

忽然，"结石姐"Jessie J. 亲了何炅的脸颊一下，当时台下的气氛就热烈了起来。而何炅因为"结石姐"的动作瞬间呆住了，两个耳朵都红了。

就在气氛越来越尴尬，"结石姐"也有些不好意思的时候，何炅反应了过来，瞬间接上一句："反正她吸引了我！"

接着，他还继续调侃道："要是口误了不能怪我。"

现场的气氛随着何炅的话，重新热烈起来，"结石姐"也顺着何老师给的台阶顺利下来。

很多人，在看到别人出糗的时候，第一时间想到的不是去帮助对方，而是在旁边看好戏。人们常说"种瓜得瓜，种豆得豆"，你在袖手旁观看别人笑话的时候，有一天你出糗时别人也同样会看你的笑话。你在别人有困难的时候帮助对方，当你有困难的时候别人也会帮助你。

有一些人，说话很漂亮，心却很虚假；很多人非常会表达，心底的真诚却越来越少。情商高的人能够保持一颗真诚之心，所以才能得到别人的信任与支持。

当你工作的时候，保持一颗真诚之心，才能获得同事和领导的信任；当你在谈恋爱的时候，保持一颗真诚之心，才能获得爱人的真情；当你和人交往的时候，保持一颗真诚之心，才能获得别人的真心。拥有一颗真诚的心，无论生活中发生什么，都不用惧怕。

怎么说话是形式，情感真挚才是内核

聊天说话，是我们生活中最常见的一件事情。有的人明明用词平淡却能够将天聊得让人舒服，说得别人心花怒放，气氛越来越欢乐。有的人在聊天的时候，用词华丽、花团锦簇，偏偏给人一种空洞之感，让人从心中产生厌烦。

娱乐圈中，会说话的人有很多，但是情感朴实、真挚的却很少。在黄渤身上却一直保持着最难能可贵的朴实、真诚。有黄渤在的场合，很少有冷场的时候，他和人交谈的时候，言语间充满了真挚的情感。即使是开玩笑的时候，也注意分寸，让人感到舒服。

众所周知，黄渤和王迅是非常好的朋友，但是在黄渤成名之后，很多朋友都自觉地和他拉开了距离，王迅也不例外。

有一次，王迅有事找黄渤，就拨打了黄渤助理的电话。黄渤知道了这事后急了，打电话给王迅："你不知道我的电话号码吗？为什么找我还得通过助理？"

王迅说："你是影帝，我哪能老打你电话啊！"

黄渤说："我一直拿你当兄弟，你要是拿我当影帝，就太让我伤心了！"

言语间情感真挚，十多年不论身份怎样改变，两人之间的感情从来没有变过。

还有记者曾经问过黄渤："有没有想过，为什么观众爱看你呢？"

黄渤的回答更显高情商："可能是因为我跟他们身边的朋友差不多，没有什么危险感和压力感，观众看到我，想到自己就全是优越感，这不挺好的吗？"在他的身上，观众们看到的是朴实无华，真实而有温度。他的身上没有那种大明星高高在上的感觉，这样就大大拉近了与观众的距离。

会说话，是每个人都要掌握的一门艺术。一个人想要在社交场合广受欢迎，本来就不是一件容易的事情。它需要有立足于人世的才智和立足于人心的情商。

白居易曾经说过："动人心者，莫先乎情。"最能够打动人心的，不是那些遣词造句、辞藻华丽的语言，而是从内心自然而然流露出来的充满情感的话语。

不论对说者还是听者而言，真诚都至关重要。说话的魅力，不在于说得多么流畅，多么滔滔不绝，而在于是否真诚。心理学家曾经提出，人与人之间存在"互酬互动效应"，就是说，如果你真诚对别人，别人也会以同样的方式给予你回应。

情商高的人，懂得说话的艺术。他们不论做什么事情，都秉持一颗真诚的心。尤其是与人交往的时候，往往都充满着真正的感情，更加能打动人心。

林肯是美国第 16 任总统，他相貌不佳却凭借着真诚赢得了民心，并最终获得了总统职位。

竞选时，林肯和美国上议院议员道格拉斯是竞争对手。他们曾在伊里诺依州，进行过一场轰动美国的著名辩论。在这场辩论中，林肯凭借真诚朴实的演讲取得了胜利，还被全国人民尊称为"诚恳的亚伯"。而傲慢自大的道格拉斯却被听众戏称为"小伟人"。

在演讲时，阔佬道格拉斯特地租用漂亮的专列，车后安放一尊大炮，每到一站就鸣 30 响，并且还配上喧闹的乐队。道格拉斯还口出狂言：“要让林肯这个乡下佬闻闻贵族的气味。”

面对道格拉斯的狂妄自大，林肯泰然处之，沉着应战。他没有豪华的派头，每到一站就乘坐上朋友们为他预先准备好的马车。在一次演讲中，他说道：“有人问我有多少财产，我有一个妻子、三个儿子，都是无价之宝。此外，还租有一个办公室，室内有办公桌一张、椅子三把，墙角还有一个大书架，架上的书值得每个人一读。我本人既穷又瘦，脸蛋很长，不会发福。我实在没有什么可依靠的，唯一可依靠的就是你们。”这一番情真意切的话为他赢得了热烈的掌声，迅速与选民拉近了距离，赢得观众们的情感认同和心理认同，从而一举获胜。

高情商最明显的特征就是能好好说话，而一个人的说话水平往往决定着他的层次和高度。然而，有人将心直口快当成了直爽，将刻薄嘴欠当成了幽默，将没有教养当成了随性，将轻重不分当成了耿直。于是，很多人的嘴巴好像很厉害，讲起话来口若悬河，侃天侃地侃人生。但这并不代表这个人的情商很高，更不能说他们会说话。相反，他们恰恰是不会说话的低情商者。

我们不必去追求那些华丽的辞藻，也不必去追求那些犀利的论点，只要与人交往的时候付出真挚的感情，就能得到对方的回报，成为社交场合受欢迎的对象。

坦诚，即便是朋友也直言不讳

在生活中，不论是谁都爱听好话。就像一个人去购物的时候，相对于一个说话不好听的售货员，他肯定更想买说话比较好听的售货员的东西。然而，这种甜言蜜语、奉承恭维之话对于朋友并没有任何益处。与朋友相处，最重要的就是坦诚，即使对方犯了错误，也要直言不讳地指出来。

黄渤在接受《南方人物周刊》采访的时候，曾经直言不讳地指出了自己的好朋友管虎的问题。这让人大跌眼镜，要知道黄渤今天的成功，离不开管虎慧眼识英才。管虎对于黄渤而言，就如同伯乐之于千里马，正是因为参演了他的电影，黄渤才能在电影界大放异彩。

现在黄渤竟然当众指出管虎的错处，让人十分不解。访谈的时候，主持人代替观众问了出来。

黄渤笑了笑说道："当初演戏的时候，管虎曾经和我说过，你可不要瞎接戏呀，要知道你身上最宝贵的就是这点真挚、真诚，以及身体里面最原始的东西，这种东西有时候磨着磨着就没了。我觉得他说得很对。不过后来，我也把这句话还给了他。"

记者有些惊奇地问道："他是磨没了吗？发生了什么事情？"

黄渤说道：“可不是没了嘛。拍《杀生》的时候，当时定的那个结局并不是那么有希望。后来剧本聊了七八种，到最后出现了一个孩子，给了一个希望的结局。我和梁静说过，管虎就是那么一个人，你非要给他穿阿玛尼，穿这个牌子的裤子、那个牌子的衬衣，衬衣领子还竖起来穿，那个边儿还得挽起来。这看起来还是他吗？再这样下去，慢慢地你就把这导演给毁了。他身子里原来那股混劲，其实是他最宝贵的创作力。

“他慢慢地开始喝红酒了，慢慢地变成了那个样子。我觉得那些东西对他是有损害的。过了好多年，我们再聊起这件事情的时候，我觉得他其实解读得特别好，没有人能够拒绝成长。就是说，其实他心中没有的时候，你何必去留恋。比如说，你已经不是一个年轻时候那么愤怒的人了，非要去做出一个愤怒的样子来，那也是很可笑的事情。对我来说也一样，此消彼长，一些东西一定会慢慢丢掉的，找不回来了。但同时你一路还会捡到很多东西，装到身体里面，这就是成长带来的。”

在这个访谈上，黄渤直言不讳地把当初管虎曾经对他的忠告原路奉还。同时，他还指出管虎身上的“那股混劲”“最宝贵的创作力”正在慢慢失去，言辞非常犀利。

然而，这样的犀利言辞却是出于黄渤对朋友的关心，就像当初管虎告诫黄渤的一样。没有人觉得黄渤是在说朋友坏话，他是真正地在为朋友着想。黄渤虽然此时言辞激烈，但是并不算是批评对方。他说的话很有分寸，并不是站在制高点上对某人进行批判，而是以一个朋友的身份用对方的话还回去的忠告。

同时，黄渤在回答“都没了”的时候，连自己也加了上去，也就是说他和管虎一样，也面临着这个问题。最后，黄渤还对这个问题进行了解读，认为这个问题的出现是因为每个人都需要成长。

他说得明明白白，既能够让观众们了解事情的关键，也能够让管虎在听到的时候不会心中不舒服，而是进行思考和接受。

孔子曾经说过：“君子和而不同，小人同而不和。”意思就是说，君子在与人交往的时候，能够与他人保持和谐友善的关系。但是，在具体问题的看法上却并不需要苟同对方。而小人习惯于迎合别人的心理，附和别人的言论，但在内心深处却并不抱有一种和谐友善的态度。

所以说，那些习惯于对别人说一些甜言蜜语之人，并不一定是在心中真的认同别人的想法，而是出于自己的某种目的去迎合对方。

真正情商高的人，与朋友交往的时候，都是从真诚出发。但人无完人，没有谁是完美无缺的，总是存在这样或者那样的缺点。如果是真正的朋友，看到了对方身上的缺点，对他好的做法不是去隐瞒，而是及时指出来并且帮助他改正。

当然，真正高情商的人，非常懂得如何说话才能说服别人。如果直言指出别人的错误，难免会损伤对方的面子，严重了甚至会让对方与你断交。所以，指出别人的错误的时候，也要注意方法，可以参考下面几点：

1. 言辞委婉，不要恶言相向

当我们指出别人缺点的时候，虽然是为了对方好，但是对方肯定会不高兴的，甚至还会产生尴尬。俗话说：“良言一句暖三冬，恶语伤人六月寒。”即使是为对方好，也不能恶语相向，更不能直接否定对方。指出的目的是让对方更好，而不是打击对方，所以应该巧用言辞，委婉指出：“我们应该怎么样”“这个怎么做”“我来帮你”，这样就让人比较好接受。

2. 设身处地，替他人着想

当指出别人的缺点的时候，如果言辞犀利，那就更加让人不能接受了。所以，当你想要指出别人缺点的时候先想想你将要说的话自己能不能接受，如果别人这样指出你的缺点你会有什么感受，然后再根据实际修饰自己的语言。

3．指出优点，让对方主动选择

每个人都希望自己变得更好，你在说他人缺点的时候不妨先说一下他有哪些优点，然后指出改了这个地方之后，会变得更好，对方自然明白怎样做才是对自己最好的。

有人曾说，“所谓的高情商，就是懂得好好说话”，这句话同样适用于指出朋友的缺点。情商高的人，在指出别人缺点的同时，还能够让对方心悦诚服地接受并改正。如此，彼此间的友谊才能更坚固、长久。所以，当遇到朋友出现错误的时候，我们并不需要一味地逃避，而是应该想想怎样说才能让对方不尴尬地接受。

第七章

情商高的黄渤是如何有趣地回复的

“关于红包，不知道现场他会不会发”

在人们的眼中，黄渤是一个机智和情商高的人。当碰到一些难以回答的问题时，他总是能够给出一个恰到好处、让人满意的答案。

有一次，黄渤去参加时尚芭莎举办的“芭莎慈善夜”时，有记者问他去参加朋友婚礼的经历。

记者问道：“如果有演员邀请你参加婚礼你会去吗？”

黄渤笑着说道：“当然要去。”

记者接着问：“那你准备了什么新婚大礼？”

黄渤想了一会儿，说道：“这个不好想，人家什么都有了，送他一句祝福暖心的话就可以了。”

记者有些失望，接着问道：“没红包啊。”

黄渤故意皱着眉头说：“我也不知道现场他会不会发啊？”

听完黄渤的话，大家一下子笑了起来。

虽然说，娱乐记者的本职工作就是发掘明星的各种消息，但是记者问黄渤“会不会送红包”这个问题，已经涉及个人隐私。如果黄渤接着对方的话继续说下去，对方很可能揪着这个问题没完没了地问下去，最后演变成公众话题。

如果黄渤直接拒绝回答，便会给人留下一个不近情面的印象。但是他通过悄无声息地将主客体换位，把记者所问的“发红包”反转为“领红包”，既搞笑，又避开了隐私。同时，也让记者明白了黄渤并不愿意继续谈论这个问题。

“隐私”，是一个既敏感又让人极度好奇的词。在生活中我们常常会发现这样一个现象：对于那些别人想要隐藏起来的隐私或者秘密，人们往往具有极大的好奇心。他们通过各种手段去极力挖掘，等到了解了事情的全部，满足了自己的好奇心之后，还要将事情公之于众，和别人一起讨论。

这样的行为，非常地让人厌恶。每个人都有自己不想让别人知道的隐私，你好奇且费心挖掘的事情也许正是别人小心翼翼掩藏起来的痛处。

人们常常喜欢插手别人的事情，尤其是对身边熟悉的人，对于别人不想说的事情，他们非常喜欢“打破砂锅问到底”。但是，即使关系再亲近的人，彼此之间也应该保持一个安全距离，这是一个人情商高的最基本表现。

在心理学上，有一个名词叫作“自我边界”，讲的就是在人际关系中，我们要清楚地知道自己和他人之间的“界限”，既保护自己的个人空间不受侵犯，也不侵犯他人的个人空间。

每个人都有一个独立的空间，存放一些只有自己知道的小秘密。当朋友有不想让人知道的事情时，我们就应该尊重对方。真正的朋友并不需要事事了解，而是在对方需要的时候陪着对方一起守护。

与人交往的时候，最重要的是注意分寸。你不能用心直口快来掩盖你的口无遮拦，尤其是朋友之间，彼此了解得越深，越能够明白哪里才是对方的软肋。往往你不经意间的一句话，就能准确地“刺伤”对方。

没有人会喜欢自己的隐私成为别人的谈资，只有低情商的人才会仗着自己和对方的关系好，对于别人的事情刨根问底。

黄渤曾说过：“所谓的高情商，就是让别人舒服。”而尊重别人的隐私，不让别人尴尬，是和别人相处的第一准则。

亚里士多德说："谈论别人的隐私是最大的罪恶。"

你的朋友信任你，才会将自己心中的秘密告诉你。他们是希望从你那里得到安慰，并且还会要求你保密。如果你嘴上答应得好好的，转身就将朋友的隐私或者秘密告诉了别人，甚至还在那里肆意谈论，就是一件非常不道德的事情。

当你在把别人的隐私放大的时候，你无法想象这样的行为会给别人带来多么大的伤害。这也是将你不道德、没素质、没涵养的一面，展现在众人面前。

情商高的人，与人交往的时候会保持一个彼此都安全的距离，关系再好，也不会随便拿对方的隐私说事，即使是开玩笑也不行。

尊重别人，就是尊重自己。即使你知道别人的隐私，也并不意味着就抓到了对方的把柄，能够把他人玩弄于股掌之间。同时，你也不能肆意挥霍别人的信任，在别人信任你时，你却在别人的伤口上撒盐。

虽然说人类生来就存在好奇心，但是情商高的人能够掌握分寸，懂得什么该好奇、什么该视而不见。他们懂得换位思考，能够设身处地地站在别人的立场上思考问题。如果你想要成为一个情商高的人，首先就要管住自己的好奇心，在和别人相处的时候，要让别人感觉舒服。

“我干一瓶，剩下九瓶从徐峥的光头上浇下去”

情商高的人不会令别人陷入尴尬，遇到别人刁难的时候，他们通常也能用幽默去化解。2014 年 9 月，由黄渤、徐峥、袁泉主演的《心花路放》上映，并获得了观众的一致好评。因为票房大卖，10 月 9 日导演宁浩带着黄渤、袁泉等演员在北京举办了庆功会，各路媒体也应邀到场。黄渤作为人气爆棚的主创之一，更是受到了媒体的追捧。

另一主演徐峥因为有别的事情没有到场，于是拍了一段 VCR 发来现场，隔空和主创队伍一起庆祝。在视频中，作为黄渤的老搭档、好朋友，徐峥兴奋地挑逗黄渤：“如果电影破‘10 亿’就让黄渤发裸照。”

听了徐峥的话，全场哄堂大笑，在场的明星都互相调侃，把气氛又推向了高潮。

黄渤听了没有生气，且毫不示弱地说道：“我的裸照有什么好看的，如果真的破了‘10 亿’，就拿 10 瓶啤酒过来。”

旁边的导演宁浩推波助澜地说道：“怎么样，放到一个桶里干了？！”

黄渤一脸真诚地看着场下的观众说道：“我干 1 瓶，剩下的 9 瓶从徐峥的光头上浇下去，你们觉得怎么样？”

黄渤的话刚说完，现场的人就被逗得前仰后合了。

黄渤和徐峥两人曾合作过好几部电影，在生活中两人也是非常好的朋友。两人都是高情商的人，互相之间开个玩笑，也是为了在庆祝之余逗现场的人乐一乐，让大家更放松。

幽默，是人们生活中必不可少的调味剂，是人际关系中必不可少的沟通桥梁。我们可以发现，懂得幽默的人，人缘也会很好。不论是多冷的场子，只要有他们在就能够让气氛变得热烈起来。

恰到好处的幽默，就像是走在炎热的沙漠中忽然遇到的一汪清泉，让人感到沁人心脾的清爽。但是，在生活中，很多人不恰当的幽默，常常给别人带来尴尬。比如，有的人看到别人长胖了，就说“哎呀，几个月不见你肚子上怎么就多了好几层游泳圈啊”；有的人看到别人的头发少，就说“你看看，你现在都成地中海了”；有的人看到别人一个人，就开玩笑地说“下班都不来接你，你男朋友是不是不爱你？”……

如果你生气了，他们还理直气壮地认为你是玻璃心、没有幽默感，然后用一句“我这个人比较爱开玩笑”或“别见怪，我就是说话比较直”就想将你轻而易举地打发掉。

然而，这真的不是幽默。这些自以为是的“幽默感”，只能表明他们的情商太低，或者他们根本没有真心将你当作朋友。所以，丝毫不顾及你的感受。

钱锺书先生曾经说过：“真正的幽默感，不是讲段子、抖机灵，也不是肤浅娱乐的搞笑行为，而是一种人生态度和信仰。”

幽默存在的意义是为人们带来欢乐，而不是将别人置于一种尴尬的境地。真正的幽默不是你去随意嘲笑别人的缺点，而是即便身处乱世和糟糕的境遇中，也能够笑对人生。

很多人认为，朋友之间互相开个玩笑，无伤大雅，还能够调节气氛。这个说法并没有错，高级的玩笑，能够在欢笑之中拉近人与人之间的距离。但是要掌握分寸，不能戳及对方的痛处，更不能揪着对方的缺点不放。

情商高的人表现幽默的方式各种各样，但仔细观察你就能够发现他们拥有一个共同特点：他们幽默搞笑但是不烂俗，充分照顾到每一个人的感受。

如果你被别人不合时宜地开玩笑时，不需要去和他争吵。用平和的心态欲扬先抑，用幽默去化解对方的责难，不但能缓和尴尬的气氛，更能体现你的风度和高情商。

当然，如果对方本来就是恶意的，想要挑起事端，企图让你陷入尴尬的境地，那你就可以拿起幽默的武器来反击，将尴尬不知不觉地转移给对方。

海涅是德国著名的大诗人，但因为他是犹太人，所以常常遭到无端的攻击。

有一次，海涅去参加聚会，有一个看起来很有礼貌的旅行家走到他身边，对他说道："嘿，你知道吗？我发现了一个小岛，那个岛上竟然没有犹太人和驴子！"

说完后，旅行家得意扬扬地看着海涅。

海涅笑了笑，不动声色地回应道："看来，只有我们两个人一起去那个岛上，才能弥补这个缺陷！"

一句话，说得旅行家哑口无言。

情商高的人，善于用幽默去化解尴尬。如果你遭遇了尴尬，就可以向情商高的人学习用下面几个方法化解：

1. 自我解嘲，摆脱窘境

在社交场合，人与人之间的相处都是由不熟悉到熟悉，在这个过程中就难免出现你掌握的信息与对方有出入的情况。当你不了解对方，不小心说错话或者冷场的时候，你可以借助自我解嘲，化尴尬为融洽。

2. 用“模仿对方”的方式，化解矛盾，摆脱窘境

在人际交往中，如果对方说话的时候是不怀好意的，那我们就可以“以子之矛，攻子之盾”，模仿他自己的语言来攻击他。这样既可以反驳对方，又可以不让气氛更加恶化。因为，如果和他争吵往往就会使场面失控，使气氛变得更加尴尬。

3. 正话反说

在社交场合，如果我们想要反对他人的意见，又不想因此得罪人，可以正话反说，这样既不伤对方的面子，又能收到想要的效果。

总之，不论是想要展现自己的幽默还是想要活跃气氛，你都要把握好分寸，不要伤害到别人。幽默不是为了哗众取宠，而是为了让人真正地开心。当然，幽默的语言不会凭空出现。所以，你平时要不断地锻炼、多学习，不断地充实自己的头脑，这样才能将幽默运用得恰到好处。

“你拨打的电话已关机”

与人相处的时候，被误解是很常见的一件事情。每个人被误解的时候，心中都会感到委屈，然后忙着去向对方解释清楚。但是，在情绪激动之下，越是辩解越是难以让对方信服。而且在这种情况下人们很容易失去理智，说话口不择言，进而伤害到对方，造成不必要的矛盾。情商高的人遭到误解的时候，并不会急着去辩解，而是用幽默的回答去转移对方的注意力。

喜剧电影《人再囧途之泰囧》在上映之后很快突破了 13 亿元大关，作为主演的黄渤也凭借这个电影人气再次得到了提升。让人意外的是，因为这部电影，网络上传出了“黄渤和徐峥因为分账不均闹不和”的传闻。

有一次，黄渤去参加湖南台的综艺节目《快乐大本营》，主持人何炅和黄渤聊起了这则传言。

何炅给黄渤出了个难题：“你敢不敢现场打通徐峥的电话，并且称徐峥为‘小弟’？”

黄渤说道：“这有什么不敢的？”说完，便拿起了电话，像是普通人给朋友打一个最平常的电话一样，拨通了徐峥的电话。

电话通了之后，传来徐峥的一声“喂”。

黄渤问："你在哪儿呢？"

徐峥说："我在澳洲呢。"

这个时候，何炅在旁边说道："徐导，恭喜你啊，电影都13亿了。"

谢娜在旁边对黄渤敲边鼓："你赶紧讲主题'分钱'啊。"

黄渤清了清嗓子说道："徐峥啊，分钱。"

电话那边，徐峥有点儿蒙，停顿了一会儿。黄渤接着说道："算了，分钱的事情，你从澳洲回来我们再说啊。"

徐峥反应过来，有些严肃地说道："那个事情我觉得是这样的，黄渤通过这个电影，得到的已经够多了。"

徐峥的话一说完，现场就陷入了一片尴尬，大家有些不知所措地看着黄渤。

黄渤模仿手机关机的提示音说："你拨打的电话已关机……"

在这次节目中，谢娜和何炅为了节目效果用网络上的传言开玩笑，"挑拨"黄渤和徐峥。

一开始，徐峥也误会了，黄渤并没有急着去辩解，而是将计就计，故意和徐峥大谈"分赃"。两人互相调侃，不但化解了主持人的刁难，还为观众带来了一场爆笑的娱乐盛宴，同时也向观众们证明了他们依然很默契，并没有外界传言的不愉快。

我们总是会遇到各式各样的误会，同时又因为误会而引发各种矛盾。很多人会因为一个问题争执不下，并不仅仅是因为事情的本身，还因为他们拥有一颗争强好胜的心。

很多人将面子看得比天大，容不得别人的一点儿误解。但是，一千个观众就有一千个哈姆雷特，每个人看问题的角度不同，得出的答案也就不同。强迫别人必须同意你的观点，其实就是一种低情商的表现。

所以，为了避免说服对方而引起不必要的争执，我们不必声嘶力竭地一定要对方同意自己，反而可以幽默一下，将话题和注意力从这个问题上转移开来，这样就能够停止这场无休止的争论。

幽默是人际交往的润滑剂，一个有趣的人，可以利用一句幽默的话让争执一笑了之。我们可以发现，那些有趣的人很少会为了一件事情大发雷霆。他们往往十分善于管理自己的情绪，即使是遇到争执，依然能够坦然面对，用诙谐幽默的语言去和对方交谈，反而会取得意想不到的效果。

美国前总统威尔逊曾经在担任新泽西州州长的时候，遇到了一件非常悲伤的事情，他的好朋友、非常契合的搭档、新泽西州的财政部部长不幸去世了。

威尔逊因此悲痛不已，这天他正满心悲伤地准备去参加朋友的葬礼，突然接到一个让他很是愤怒的电话。

电话是一位政界人士打来的，目的是接替新的财政部部长的位置。威尔逊听到那人急切地说："州长，请您相信我，我一定能做好财政部部长的工作，请您让我接替这个位置。"

威尔逊听了对方的话，心中很是恼火。他认为这个人非常不尊重他的朋友，尤其是在举行葬礼的当天打电话过来，不但没有任何的慰问，反而张口就迫不及待地来讨要官位。

但是威尔逊并没有立即斥责来者，也没有发火，反而平静地说道："好吧！财政部部长目前正躺在殡仪馆，我会通知殡仪馆的，你想替换他的位置那可要赶快行动了。"

很多时候，幽默的回答可以避免很多不必要的争执，当双方都冷静下来之后，误会自然就能解释清楚。当你变得幽默之后，你就能发现，在社交中你会越来越如鱼得水。

情商高的人，拥有宽广的胸怀和豁达的生活态度。对待误会或者争执，他们往往避重就轻，用出人意料的幽默去解决问题。即使遇到不好直面回答的尴尬问题，也会选择用委婉的方式去提醒对方，不至于让对方太难堪。

在生活中，误会和争执无法避免，我们不妨用幽默的方式，和平地去解决矛盾，以此来获得一个好的人际关系。

“那是早年间，后来鞋的质量好了，就磨不破了”

很多人会理所当然地将他人的赞美全部收下，并且还会对此扬扬得意。有的人被人赞美的时候，表现得却正好相反，反而更加谦虚。

黄渤不但擅长欢乐地搞笑，有时候也会说几个冷笑话来表示一下自谦。

众所周知，2009 年黄渤在拍《斗牛》的时候，经常会山上山下来回地跑，因此他还磨破了 30 多双鞋子。后来，媒体采访黄渤的时候屡次提起这件事情，以此来调侃他。

有一次，当记者第 N 次问起黄渤磨破了 30 多双鞋的勤奋事迹时，黄渤笑着说道：“那是早年间，后来鞋的质量好了，就磨不破了。”

没有揪着自己认真拍戏、精益求精的闪光点不放，黄渤毫不犹豫地就把一个自夸的好机会变成了低调的冷笑话，毫不费力地将对方的注意力，从关于夸奖自己工作认真转移到了有关鞋子质量的话题上。

赞美是人际关系中，快速拉近人与人之间距离的有效途径。很多人为了有一个好的人际关系或者碍于面子，常常会夸赞别人或者受到别人的夸赞。对于一个成功者而言，被人夸赞更是生活中最常见的事。

但是，被人称赞之后的表现，才是最考验人的。有的人，对于赞美照单全收，甚至认为自己本身就是如此厉害，时间久了，渐渐失去初心，待人也变得傲慢起来。而有的人，面对别人的赞美，则谦虚以对。

老舍曾经说过："骄傲自满是一个可怕的陷阱，而且，这个陷阱是我们自己亲手挖掘的。"没有人不喜欢被人赞美，但是如果你在面对赞美的时候失去一颗平常心，就容易变得骄傲自满，从而变得自信心膨胀，无论看谁都高人一等。这样别人远离你还来不及，自然不会发展出什么过深的友谊。

心怀谦虚的人则不同，他们心中自有丘壑，具有让人折服的人格魅力。他们既不会沉迷在别人的称赞中，也不会为了抬高自己，而说一些贬低他人的话。

有一些人为了让自己在群体中的影响力获得提升，故意说一些贬低他人的话。这其实就是一种低情商的表现，只能得到相反的效果。情商高的人从来不会主动要求别人夸自己，也不会自夸。他们只会通过不断努力提高自己的能力来证明自己，潜移默化地得到别人的认可。同时，他们也会摆正自己的位置，谦虚做人。

自谦，是一种美好的品德。自谦的人，淡然处世。即使他们取得了很高的成就，也依然谦虚待人，谨慎做事。

鲁迅先生，是一代文豪，著名的文学巨匠。在他的笔下，流淌出无数让我们耳熟能详、发人深省的文章。他的才学，更是后辈学习的楷模。

有一次，刘半农向鲁迅提议让他去参评诺贝尔奖。鲁迅先生却拒绝了，说自己"还欠努力"。那个时候，他的作品正在被人们大力推崇。但是，面对人们的赞美，鲁迅先生却认为自己的作品不过是"时时随风而逝"的"许多小小的想头和言语"。面对自己取得的辉煌成就，他不自傲，反而依旧谦虚谨慎。

谦虚，是一个人情商高的表现，也是人格中必不可少的一项品质。只有保持谦虚，我们才能够在面对成功的时候依然保持理智，正确处事。

同样地，谦虚的人更容易获得别人的信任，因为他们从来不会吹嘘自己，也不骄傲自大。他们能够在利益面前坚持自己的原则，不以自己为重，值得被人信赖。

谦虚也可以帮助人们认识自我，能够让我们发现隐藏在成功之下的缺点，并且去改正它，不断提高自己的能力。

面对别人的称赞，我们要保持谦虚谨慎的心态，但同时也要学会分辨别人赞美之下所含的意思，这样才能给出得体的回应，不让自己陷入尴尬之中。

1. 如果对方的赞美，并不是真实的，你并没有对方夸得那么好。如果你说："你言过其实了，我可没有那么好。"会使对方感到你对他不以为然，似乎在责备他拍马。这个时候你可以说："没想到你会满意，事实上我应该做得更好。"

2. 如果对方的称赞恰如其分，你可以说："我应该做好这件事。"或者说："我很高兴你能满意。"

3. 如果对方是对你的才干、人品或新的工作成绩表示赞美，你可以说："你能喜欢，我太高兴了。有了你的鼓励，我就更有信心了，以后我会干得更好。"

4. 即使对方是一种明褒暗贬，你也没有必要推诿不受，当作正面的赞扬接受下来，也是对他人恶意的反击。

总而言之，对于赞美，我们要根据具体情况给出恰当的回应。该谦虚的时候谦虚，该坦然接受的时候坦然接受。但是不管什么样的情况，都不要显露出自己得意的样子，并且对于别人的称赞，我们也要有一颗感谢之心。

“未成年就不该穿这么高的高跟鞋”

在社交场合，冷场是一件非常让人尴尬的事情。情商高的人在遭遇冷场的时候，会发挥自己的智慧，让场面活跃起来。

有一次，黄渤和周冬雨等人一起录制综艺节目《极限挑战》。到了晚上11点多，离结束还遥遥无期。不管是明星还是工作人员，都已经累得心不在焉了。

黄渤看着场面有些冷，主动担起了活跃气氛的重担。

周冬雨因为身材比较娇小，所以录制节目的时候穿了一双特别高的高跟鞋。黄渤笑着打趣道：“未成年就不该穿这么高的高跟鞋。”

伶牙俐齿的周冬雨面对前辈也毫不害怕，回头呛道：“可是我穿高跟鞋比你高啊。”

一句话，让黄渤摸摸鼻子，不好意思再说话了。这个时候，大家也来了兴致，开始一次又一次地调侃黄渤的身高和外貌。现场的气氛终于热烈了起来，黄渤对此虽然有些尴尬，但是并没有生气。

事后，在黄渤接受采访的时候，记者有些不解地问他：“您知道这样做了肯定会引来尴尬，为什么还要那么做呢？”

黄渤面不改色地说道：“我不尴尬，别人就要尴尬了。再说不让别人尴尬是一件挺好的事，不是吗？”

生活并不是一帆风顺的，很多事情总会超出我们的掌控，总会有陷入尴尬的时候。当别人陷入尴尬的时候，你袖手旁观，甚至幸灾乐祸，很容易招致别人的厌恶。甚至因为你的态度问题，他们还会在心中记恨于你，找到机会便会出手对付你。如果你主动去化解别人的尴尬，对方自然会记住你的情谊。即使当时没有表示，但当你需要的时候，对方也不会吝啬伸出援助之手。

情商高的人，十分善于掌控自己的情绪，并不会因为吃亏就对别人恶言相向。在关键时刻，他们甚至会牺牲自己的利益，去帮别人解围。也许在别人看来，这是一种十分犯傻的行为，但这恰恰是他们的珍贵之处。正因为他们能够设身处地地为他人着想，懂得照顾他人的感受，才能拥有好的人缘。

当然，他们并不是一味直来直去地去化解别人的尴尬，而是通过自己的智慧，用幽默将尴尬化于无形。

胡适是著名的学者，在他的身上同样不缺乏幽默细胞。

众所周知，胡适非常推崇白话文。有一次，他在北大的课堂上大讲白话文。忽然，有一位学生站起来，大声地抗议道：“先生，白话文难道就没有任何缺点吗？”

胡适坚定地回答道：“没有。”

那位同学继续抗议道：“但是，白话文啰唆，如果用来写电报会很浪费钱。”

胡适柔声道：“不一定吧。前几天，我收到了一封行政院的朋友发来的电报，想让我去担任行政院秘书一职，但是我并不想去。所以，我写了一封白话文的电报回绝了他。现在请同学们根据我这一意愿，然后用文言文写一封回绝电报。咱们看看到底是白话文省，还是文言文省？”

几分钟过后，学生们写的文言文复电出炉了，内容是这样的：“才疏学浅，恐难胜任，不堪从命。”

胡适听完，笑着说道：“这12个字确实简练，但我的白话文电报只用了5个字：‘干不了，谢谢。’”

课堂上的学生顿时大笑了起来。

在生活中，人们很难去讨厌一个幽默风趣的人。可见，幽默对于一个人在社交场合建造一个好的人际关系有多么大的帮助。比如，幽默的人，可以破解无话可说的尴尬气氛，可以轻而易举地打开初识之际的陌生局面；在你与别人争吵的时候，也可以用幽默营造一个和谐的气氛，让你在激烈的争辩中不战而胜……

高情商的幽默，不但可以增加你的个人魅力，同时也是人际交往中的润滑剂。当两个人有了争执，如果其中一个选择退一步，适当地表达自己的幽默，对方也会见好就收，不会再继续纠缠下去。

幽默的作用，是促进人际交往，但是不恰当或者失去分寸的幽默却让人如鲠在喉。所以，当我们表达自己幽默的时候，一定要注意下面两点。

1. 不为窘境所拘

每个人都非常在乎自己的面子和尊严，想要打破窘境，不妨从另一个角度去看待窘境产生的原因。同时，“己所不欲，勿施于人”，不要让别人也陷入窘境之中。

2. 掌握幽默的分寸

分寸感，是情商高的人必备的条件之一。没有分寸的幽默，对于别人来说，无疑是恶劣的玩笑。没有分寸，非常容易戳到别人的痛处。所以，在幽默的时候，一定要避开别人的缺陷，点到即止。

任何时候，幽默对于一个人而言，都是非常重要的。但是，我们在表达自己的幽默的时候，也不要忘了设身处地地为他人着想一下。这样，才是最高级的幽默。

“我觉得他们应该有这样一个努力的方向”

有时候与人交谈，妙意曲解对方的话，会带来意想不到的幽默效果。情商高的人，甚至还可以通过曲解别人话语中的意思，来回避一些难以回答的问题或者化解尴尬。

网上曾经流传了一个很火的新闻，有一个“小鲜肉”被记者说了一句“长得像黄渤”，结果他非常生气地回去重新做了造型。

黄渤一直没对这个新闻回应过，直到2015年的“芭莎慈善夜”，记者正面问他对这个问题的看法。

黄渤装作听不懂地问道：“什么小鲜肉？”

记者说道：“就是有个小鲜肉被说像你，然后……”

黄渤表现出一副恍然大悟的样子，说道：“对，我觉得他们应该有这样一个努力的方向。”

妙意曲解，是表达幽默的一种方式。曲解的定义是当我们很难去直接表达一件事情的时候，可以对其中的关键词重新定义、重新解释，用“改变词语本来意义”的方法，依据其字面的组合，衍生出新的意义来为我们所用。这样更容易达到幽默的效果，而且也能让你的谈话显得更加意味深长。

它不但可以帮你去回避一些难以回答的问题，而且还能够帮助你谦虚地面对别人的称赞。黄渤的“双料”影帝，让他的演技得到了承认，当《西游·降魔篇》的票房达到十几亿的时候，星爷在采访中夸赞黄渤说：“黄渤是现在喜剧中的王中王！”

周星驰是当之无愧的喜剧之王，对于他的盛赞，黄渤没有急着否认，但是也不敢认同，于是幽默地说道：“王中王，星爷这是在说我是火腿肠呢。”

如果黄渤直接接受星爷的赞美，便会给别人留下一种不谦虚的印象；如果反驳，就会显得虚伪、小家子气。而黄渤的做法是将“王中王”理解为“火腿肠”，不但体现了他的幽默机智，也从侧面反驳了星爷的称赞。

幽默是生活中的一剂调味品，林语堂曾经说过：“幽默是一种人生的观点，一种应付人生的方法。幽默没有旁的，只是智慧之刀的一晃。”妙意曲解就是制造幽默的一种语言技巧。

幽默不是讽刺、滑稽和出丑，它不会把挖苦他人当成笑料，而是温馨的关怀。当然，在面对别人刁难的时候，它也可以有力地反击对方。

在林语堂先生的身上曾经发生过这样一则有趣的故事：

有一次，他在美国的哥伦比亚大学讲演，到了师生互动的时候，一个学生站起来问他：“你老是批判我们美国，称赞你们中国。难道我们美国就没有一样东西比你们中国强吗？”

林语堂笑着回答：“有，你们美国的马桶就比中国的好！”这样的回答机智又让人忍俊不禁。

其实，曲解制造幽默的现象，在生活中非常常见。这并不是我们理解错意思，或者说错话，而是故意望文生义，在特定的语境中利用曲解的语言来达到我们的目的。

人们对于生活中一些常规和常识往往会形成固定印象，这个时候如果我们有意地去违反常规和常识，对词语作歪曲甚至荒谬的解释或者临时赋予一个词语新的意义，往往会让话语变得十分巧妙有趣。

很多人理解“曲解”的含义，但是对于实现它的具体方式反而不很了解，下面我们来介绍四种具体的方法，可以进行参考。

1. 可以改变词语结构

词语的组合和拆分，可以制造出不同的意思。比如“可爱”一词，有人说：“在咱们这几个人里边，就属某某最可爱了。”对方接着说道：“是啊，可怜没人爱。”

将“可爱”这个词的结构打开，分别赋予了“可”和“爱”不同的意思，不但表达了自己的谦逊，还非常风趣幽默，为大家带来了欢笑。

2. 趣解词语

比如，“看了看对方的脚，说他那双大头鞋‘空前绝后’——前面露出脚指头，后面露出脚后跟”。

将“空前绝后”趣解为“前面露出脚指头，后面露出脚后跟”，赋庄重于诙谐，渲染了欢乐的气氛。

3. 利用词语的多义性

汉语，具有一词多义的特点。比如“生”这个字既可以理解为“生长”“产生”，又可以理解为“生养”“生育”，人们在理解的时候一般都会遵从常规的思维逻辑。我们可以利用这一点，出乎对方的意料，又在情理之中，对比之下就会产生强烈的幽默感。

4. 赋予新义

同一个词语，通过曲解就可以赋予它不同的意思。比如说，老大爷叹了一口气，说：“他倒还真是个孝子，孝顺儿子啊！对儿子百依百顺的。”

“孝子”的本义为“孝顺的儿子”，是称赞人的词语，在例句中被曲解成

“孝顺（敬）儿子”，与原意形成了强烈的对比，讽刺了不尊敬老人的行为。

在社交场合，幽默的人会更受欢迎，表达幽默的方式也有很多。情商高的人在与人交谈时，如果遇到为难的问题，他们不会直接去争辩或者回避，而是通过曲解对方话中表达的意思巧妙地化解尴尬。遣词造句之间，尽显他们的智慧和幽默风趣。

出点新意介绍他人，不落俗套印象深

为他人做介绍，是生活中非常常见的一件事情，也是人际交往中非常重要的一个环节。比如，当你想要将新朋友介绍给父母认识的时候，可能你的开场白是“这是某某，是我的朋友，认识了多长时间”，老套又无聊。

黄渤介绍他人时，常会让人耳目一新并且不落俗套。2012 年 12 月 12 日晚，草根抗战大戏《民兵葛二蛋》在全国首播。上映前，剧中主演黄渤、童瑶、王迅等人应邀做客北京卫视《大戏看北京》栏目。

北京卫视主持人栗坤忽然提议，让之前受邀主持过金马奖的黄渤从主持人的角度，以主持人的口吻和方式，介绍其他的演员。

黄渤也不推让，有主持经验的他，介绍起嘉宾来，可谓是驾轻就熟：“《大戏看北京》今天高朋满座，我们看到这么多嘉宾来到了活动现场。首先，站在我身边的这位英俊潇洒的男士——哦，不是，是美女，她叫童瑶。她在戏里面演的角色是戏子，也就是我一直追求的、从小订了婚的媳妇……”说着，黄渤故意往童瑶身边靠了靠，口中继续说道，“……你看，很简单，郎才女貌。”

接着黄渤开始介绍第二位演员闫娜：“这一位跟我也有关系，这一次，闫娜在电视剧里演的是我的前欢，啊，就是我的旧爱——这个听起来比较瘆人，但是——之前我们彼此都有好感，这里面就是因为兄弟仗义，因为高虎饰演的麦子喜欢上了她，为了兄弟，我忍痛割爱了。”

下一位介绍的是男演员李梦男，黄渤故意说：“旁边这位美女……（观众哄堂大笑）大家都很熟悉了，我们梦男老师，这次他饰演的是我的恩师。

“这位美女，我站在她旁边时，心经常会怦怦地跳，因为她是我们这个戏里面唯一我没爱上的女人，我们这次……如果别人都不来的话，我就一定说她是戏里边长得最漂亮的……”

然后，黄渤开玩笑地介绍第四位演员汤晶媚：“汤晶媚的眼睛是我们这个戏里面经常冒火花的地方，就是我们经常对戏的时候，都不敢直视她的眼睛，因为眼睛太漂亮了，一看就容易忘词。”

接下来黄渤介绍的是方慧：“这边有一个，还有一个，我还忘了，最打动我的……这是跟我从小一块长大的，我们这里边江湖人称‘小抹布’。因为她的戏服特别的好，经常她的衣服一放到现场就会找不到，她的整个戏服都是脏脏的。苗子是方慧在《民兵葛二蛋》中饰演的角色，她凭借脏脏的造型和质朴的个性，备受关注。”

黄渤最后介绍的是自己的好朋友王迅：“这个不太好介绍，你知道吗？我们怎么介绍？之前大家都对他有所了解——‘别摸我’（《疯狂的石头》中王迅饰演的四眼男的经典台词）。这次他又创造了一个经典的台词，过一段时间大家可能会从我们的戏里边看到，就是……”他用胳膊肘碰一下王迅说，“自己来一句吧。”

王迅马上配合回应：“正儿八经的。”

黄渤在介绍这几位的时候，没有按部就班地介绍，而是根据电视剧的剧情以自然、轻松和愉快为宗旨，介绍了他们各自的亮点和特点，让人印象深刻。同时还不忘开玩笑，介绍童瑶和李梦男的时候，他故意认错性别，闹笑话，让整个过程不落俗套，引发了多次笑声。

在人际交往中，我们有引荐他人的义务，就是为他人做介绍。为他人做介绍的内容大体与自我介绍的内容相仿，最常见的方式是：“我来介绍一下，这位是刘总，是某某公司的设计总监。这位是某某文化传播有限公司的总经理马菲女士。”这种方式虽然没有什么错，也合乎礼仪，但难免落于俗套，给人的印象不够深刻。

所以，我们也可以学学黄渤不走寻常路的介绍法。比如，介绍朋友的优点，可以是喜欢玩游戏、打篮球、乒乓球……总之，就是“夸奖”对方。

除了优点和长处之外，还可以介绍朋友的一些习惯和“怪癖”。比如，朋友可能会有些大大咧咧，可能会有些冷幽默，也许还有点儿憨憨的，可以针对各自的特点设计一些好玩的介绍词。

总而言之，在为他人做介绍的时候，具体应根据对方的身份还有场合来决定，严肃的场合我们不能过分嬉笑。做介绍也不能过于啰嗦，在有新意的同时，也要将对方的身份介绍清楚，这才是最终目的。

不辩解，实力是最好的抗争

当你与别人发生矛盾或者受到打击的时候，会下意识地去和对方争辩。若是好胜心强的人，必要将对方说得“哑口无言”才会罢休。但是，与人争辩，恰恰是矛盾的开端。当你在为达到这个目的而沾沾自喜的时候，其实已经被人远远地排斥在人际关系圈子之外了。

也许你用伶牙俐齿在言语上驳倒了对方，获得了一时的“痛快”。但是仔细想想，却是得不偿失的举动。在娱乐圈中备受称赞的黄渤，遇到和人争辩的事情时，是怎么处理的呢？

2013年黄渤接受《杨澜访谈录》的采访，和主持人杨澜聊起了自己刚进入影视圈的遭遇。

杨澜问黄渤：“受到最严重的打击是什么呢？”

黄渤想了想，回答说：“去演杨亚洲导演的一个戏，第一次去说让演那么一个小角色劫匪，副导演就进来了，说那个，也不喊戏里面人物的名字，他就喊劫匪来了没有。我说我是。他突然看着我，‘这，谁让你来的呀？’我说哪个哪个导演让我来的。‘这不胡闹吗，这哪能行？’他就走了。”

杨澜不解地问：“为什么呢？我觉得你演劫匪还有点儿像。”

黄渤解释说："他觉得我撑不起来，身上那个劲儿不够。然后他就在门口那儿说了，'这角色戏不多，但是挺重要，你怎么能乱找，这什么东西啊这是……'我就清清楚楚地在那儿听着。然后服装老师又进来问道：'哪个是演那个劫匪的，我看看''哟，这孩子是有点儿文。'"

杨澜说："就说你太文静了。"

"后来，因为马上要开拍了，再换演员也来不及，但那个副导演一直在外面嘟囔。服装师就想了一个辙，给我套上衣服，然后让副导演帮忙看看这个袖子是挽上来好，还是放下去合适。大概是想让导演最后再去确认一下，是否要换演员。如果等真正开拍了，再发飙换演员那就麻烦了。结果他没说什么，就过去了，就开始了。"

这种完全当你不存在，就在这儿当着面侮辱你的感觉真的很不好，但黄渤当时并没有做任何辩解。

演那个戏，黄渤拿到了剧本，提前两天就看了。因为那时候正好在进修，没事黄渤就在下面琢磨。

上去演第一遍，就过了。但黄渤自己不满意，说："导演，等会儿，这个我想要这样再演一遍。"

导演说："好，试试。"又演了一遍。结果，也不错。

黄渤说还有一种，导演说不用了，刚才那两个就很好了。后面就都是一遍过，拍了一个晚上，特别顺利。

后来，那个副导演过来对黄渤说："棒！刚才你一来我看着就可以，真不错。"

黄渤说："虽然当时没说什么，但是心里边是暗暗地出了一口恶气。"

杨澜说："可能只能用自己的实力，只能一次一次去演，去把这口气给争回来。"

黄渤说："对，其实就是这样，唯一能做的就是让自己更强大一点儿。"接着他说道："刚开始在剧组里会碰见各种各样脾气不好的人，但是后来慢慢发现，周围的人怎么脾气都变得越来越好了，开始对你尊重了，这些都是靠实力挣来的。"

面对副导演言辞轻蔑的嘲讽和奚落，黄渤明智地选择了不辩解。作为一个新人，他坦然面对这些打击，并以实际行动证明了自己的演技和实力，令嘲笑他的人折服。这样不解释，用行动打脸的做法，不仅显示了自己的气度，而且很解气。

孔子曾在《论语》中说过："君子欲讷于言而敏于行。"简单来说，就是告诫我们要多做事，少说话。

每个人，都有自己独特的想法。当你处在底层的时候，人们自然不会去关注你的感受，嘲讽和打击就会纷沓而至。但是当你变得强大之后，那些嘲讽和打击就再也无法伤害到你。

"不争辩"所代表的并不是你遇到事情真的一点儿也不为自己争取，而是用行动去证明你并不是做不到，然后努力用实力去赢得对方，这才是面对争辩时正确的做法。

在美国军界，马歇尔一直被麦克阿瑟上将当作是自己的头号大敌，所以在平时总是想方设法地给马歇尔下绊子。

1933 年，按照美军的规定，马歇尔已经获得了晋升准将的资格。但是作为陆军参谋长的麦克阿瑟却不准备给马歇尔晋升的机会。

于是，麦克阿瑟想了一个办法，将马歇尔派到了国民警卫师当师长。要知道在美国，国民警卫师并不算是正规军队，如果马歇尔成为国民警卫师的师长，那么即使到了年限也无法晋升准将。

潘兴将军一直对马歇尔非常欣赏，知道了这件事情之后，很是愤怒，打算和马歇尔一起去找麦克阿瑟理论。

马歇尔却说："其实不升将军也没有什么，人在遭遇坎坷时，要做的就是耐心等待机会。"马歇尔并未因为受到排挤便消极应对，而是兢兢业业，努力做好自己的本职工作。

后来，美国前总统罗斯福发现了工作认真、能力卓越的马歇尔，将他任命为美国陆军参谋长，马歇尔借此一跃而升为四星上将。

有道是"有理不在声高"，在与人争辩的时候，并不是声音越大越能赢。当一个人遭到别人质疑的时候，声音越大反而越显露出他的心虚。而且，即使用自己的口才赢了一场口水战，也并没有什么成就感。反而不如安静下来，用行动来证明自己的能力，展现自己的格局。

有时候，真理不是越辩越明。情商高的人在争辩的时候懂得退一步，给他人留有余地，这样才能将矛盾化于无形，与他人更好地交往。

第八章

每个人都能成为一个有趣又情商高的人

有了幽默感，你会觉得人生更有乐趣

莎士比亚曾说："幽默和风趣是智慧的闪现。"一个幽默的人，能够发现人生更多的乐趣，不但自己生活愉悦，也能给别人带来快乐。在与人交往的时候，幽默的人也能够拥有更融洽和谐的人际关系。

很多人认为幽默是一种生活态度，有了幽默感，才能更懂得生活。

黄渤是一个非常懂得幽默的人，他的身上似乎就自带了那种搞笑的特质，他的高情商也将这一特质发挥到了极致。很多人都说，和黄渤相处是一种享受，因为他总是能够给你带来愉悦。

比如说，黄渤在参加访谈的时候，总是能够笑料不断，将人逗得哈哈大笑。

有一次记者采访黄渤的时候，说起"粉丝对于黄渤的喜好"这个话题，记者说道："据网上调查，说你的粉丝最喜欢你的三个动作，你知道是哪三个吗？"

黄渤有些好奇地问道："哪三个？"

记者指了指眉毛："第一个是挑眉。"

黄渤顺着记者的话挑了一下眉毛。

记者接着说道："第二个是口吃。"

黄渤惊讶了一下："口吃？"

“第三个就是傻笑。”

黄渤恍然大悟地说道：“啊，我算明白了。这三个综合到一块儿，那基本就是送到那里边去了。”

与别人交谈的时候，幽默的人总是能够将气氛炒热，这就是因为幽默具有强大的感染力。人们常说“性格决定命运”，无论什么时候，这句话都有它的哲学之处。黄渤曾经说过：“没有人能拒绝一个幽默的人。”当你为别人带来欢乐的时候，对方自然也愿意靠近你。没有人会喜欢和一个每天都愁眉苦脸的人相处，更不会主动接近他。

随着社会的发展，越来越多的人注重情商的提高，而幽默便是他们展现自己高情商的一种手段。如果说生活是柴米油盐酱醋茶，那么幽默感就像是其中重要的一剂调味剂，不但可以在别人高兴的时候锦上添花，更可以在遇到难过的事情时冲淡悲伤，重新树起人生的信心。

不论是在生活中、在职场上，还是在一个陌生的社交场合，幽默都充当着人际关系中的润滑剂，它能够弥合人际关系的裂缝，使相互生气的友人重归于好，也能够拉近人与人之间的距离，从而建起和谐的人际关系。

很多人在展现自身幽默的时候，往往会进入一个误区。他们认为的幽默就像是浮夸的表演，可以随意地调侃别人。然而，你的口无遮拦只会给别人留下一个滑稽的印象。

真正情商高的幽默，是智慧的表现，是让人恰到好处的舒服。在社交场合中，能够掌握幽默的分寸感十分重要。

2012 年诺贝尔文学奖的获得者是莫言先生。他不仅能够写出优秀的作品，在参加发布会的时候，也能用犀利幽默的言语给观众们留下一个十分深刻的印象。

当被问及获奖之后生活有什么变化的时候，莫言轻松地说：“对我个人来讲最大的变化是我过去骑着自行车在北京街头没有人来理睬我，前几天，我骑着自行车在北京街头走，好几个年轻姑娘追着我照相。我一下知道，哦！我成了名人了。”随后，他又立刻说道：“我希望大家把对我的热情，转移到中国广大的作家身上去。”

幽默之余，莫言不忘嘱咐大家不要聚焦于他，而是要关注真正的重点，关注中国其他的作家。然而，瑞典媒体却对此并不服，公开质疑，认为评委、汉学家马悦然和莫言有私交，莫言获奖的结果“不公平”。

对此，莫言表情平静，笑着答道：“马悦然对中国古典文学的知识令我佩服。我知道在我得奖后，马悦然先生背了很多的罪名。我和马先生只有三面之缘，我们只是三支烟的感情，他多抽了我一根。”

紧接着就又有人追问，马悦然是否真的是莫言“亲爱的朋友”。莫言不慌不忙地说：“你们外国人第一次见面就是‘亲爱的朋友’。我认识了一个意大利女孩，第一次给我写信就‘亲爱的莫言’，令我心潮澎湃，以为她对我有意思呢。后来人们说这是人家的礼貌习惯而已。”

幽默不但可以帮助你扩展人际关系，还可以在关键时刻帮你化解尴尬。生活中有了幽默感，可以让你的生活更加丰富多彩，也可以增加你的人格魅力。但是，我们在表达自己的幽默时，要注意以下几点。

1. 说话有分寸，不要乱夸口

当你通过幽默去赞美一个人的时候，要注意分寸，言之有物。如果只是为了讨好对方而名不副实，即使你的幽默感很好，也会让人产生厌恶。

2. 保持微笑

如果你绷着一张脸去表达幽默，那很难去感染别人，甚至还会给别人一种违和感。情绪才是最能感染听众的，当你欢乐地去表达你的幽默的时候，才更容易获得掌声和笑声。

3．话不要过长

听众对于别人说话的时间是有一定容忍度的，如果你为了表现自己的幽默感，一直喋喋不休地讲话，就会让人厌烦。

4．说话要慢，要清楚

确保听众都能听懂你所说的每一个字——特别是能带领观众进入高潮的妙言之处。

高情商的幽默非常值得我们学习，也对我们的日常生活和工作具有非常大的帮助。在平时我们不妨多学习，练习自己的幽默感，这样才能获得更多人的信赖和支持。

有趣的人能把难堪的事说得幽默

生活并不是一帆风顺的，每个人都可能遇到难堪的事情。很多人会下意识地将自己身上发生过的难堪的事情掩藏起来，一旦有别人提及，便会恼羞成怒。但是，有趣的人却能够将难堪的事情说得幽默。

黄渤在参加《星空演讲》的时候，就用他的亲身经历给大家上了一堂实用的演讲课。等到黄渤出场的时候，正好是高颜值的王凯演讲完，现场的观众陷入了一阵沉默。

黄渤并不以为忤，反而直接开始了演讲的主题，他说："其实，一开始我以为就过来跟大家聊聊天，但是来了之后才知道这么的隆重。而且演讲的主题，还是有关幽默的。我认为自己还算是一个比较幽默的人，而且幽默是一个好事情。但它是跟尴尬相伴而生的，我们经常会用幽默来解决碰到的尴尬，比如说现在没有掌声的问题。"

黄渤话落，本来还在沉默的观众们顿时笑了起来，热烈地鼓起掌来。接着黄渤说了他一个朋友遇到的尴尬经历。

黄渤说道："我在唱歌的时候，有一位朋友。虽然很努力，但是他唱歌并不是很好听。在酒吧唱歌，最重要的就是观众满意，所以在舞台上，他经常会面临尴尬。

“有一次，他一晚上要唱四首歌，结果刚唱完第一首歌的时候，就有人在下面喝倒彩：‘下去吧，下去吧。’一般人遇到这样的事情早就很尴尬了，观众一直喝倒彩，那后面的三首还怎么能撑得下去？这位朋友处理得很有意思，他说：‘既然大家让我下去，那我就下来了，然后再给大家唱一首《喜欢我的人都好运》。’大家哈哈哈地笑成一片，这位朋友继续将三首歌唱完。”

我们可以发现这样一种现象：当你遇到尴尬的时候，越想要遮掩越能够引起他人的兴趣。每个人都有凑热闹的天性，总是喜欢去围观别人的尴尬、糗事。

因为害怕别人的嘲笑，所以我们在遇到突发的尴尬场面的时候，往往会不知所措，下意识地掩饰已经发生过的事情。这个时候，我们可能会因过度紧张而考虑不周，以至于弄巧成拙。

但是，如果你能够用幽默的语言自嘲一下，将尴尬的事情有趣地说出来，就能够快速转移别人的关注焦点。这样不但可以化解尴尬的氛围，而且还能够展现你的幽默风趣，让你收获更多人的好感。

钱仁康先生说：“幽默是一切智慧的光芒，照耀在古今哲人的灵性中间。我希望大家能用幽默来凸显智慧，而不是制造尴尬。”

著名的央视主持人董卿，不但优雅、美丽，而且还非常幽默风趣。

有一次，她到兴化去主持节目，刚好遇上下雨天。冒着雨，她右手拿着话筒，左手拿着雨伞，面带笑容，优雅地向台前走来，边走边说：“兴化的父老乡亲们，你们好！”

但是因为下了雨，台上特别滑，还没等走到台前，她就滑倒了。全场的观众都被这突如其来的一摔吓了一跳，看着有些狼狈的主持人，现场立刻呈现出一股非常尴尬的气氛。

工作人员见此赶忙将董卿扶了起来，全场的注意力都集中在她的身上。董卿并没有因此而慌乱，她调整好情绪，绽放出笑容来，对着全场的观众说道："这是我从事主持生涯 15 年来遇到的最恶劣的天气，我把跟头跌在了兴化，这一跤也让我这辈子永远记住了兴化。"

现场观众都被她幽默的自我调侃逗笑了，台下顿时响起了一阵阵热烈的掌声。

正如黄渤在演讲中说的，幽默常常与尴尬相伴而生。真正情商高的人，不管他们用什么样的方式去表达自己的幽默，都可以达到他们摆脱尴尬的目的。

萧伯纳曾说："幽默就像马车上的弹簧，没有它，一颗小石子就能让你很颠簸。"生活中不如意的事十有八九，幽默的人却可以将尴尬的事情拿来调侃一番，这正是他们一种积极的生活态度。

幽默在生活中的作用当然不仅仅是化解尴尬，它还能够帮助你巧妙地避开陷阱，夸赞别人或者对别人的恶意进行有力的反击。那么，我们应该怎样去提高自己的幽默感呢？

1. 有一个积极的心态

心态往往是决定生活质量的一种重要因素，保持积极向上的健康心态，才能够看到事情的多面性，从而用幽默的方式来进行表达。

2. 不随便拿别人开玩笑

虽然幽默是一件很好的事情，但是没有人会喜欢别人拿自己的短处开玩笑。所以我们不能去触碰别人的痛处，更不能随意去开别人的玩笑。

3. 敢于自嘲和自黑

当我们敢于对自己的尴尬进行自嘲或者自黑的时候，别人也就不好意思再去嘲笑你。只要我们敢于放下面子，敢于自嘲，就是很好的培养自己幽默感的方式。

4. 扩大自己的知识面

如果我们想要像别人一样频曝金句，那么首先我们要通过各种方式去提高自己的知识面，可以模仿一些电视、电影或者综艺节目搞笑的台词或者幽默的表达方式，学以致用，便能够提高自己的幽默水平。

5. 学会幽默的表达方式

不论你有多么丰富的幽默知识，能够表达出来才是最重要的。每个人都会有正常的语音接收逻辑，我们可以通过夸张、诙谐、风趣等各种不同的方式去表达，能够带来意想不到的幽默效果。

在生活中，难堪的事情是不可避免的。但是，我们可以学着用幽默将那些难堪、小郁闷调侃一番。即使是在逆境当中，也可以发现其中的生活小情趣。

善于自嘲的人会变得越来越有趣

我们常说："自作聪明者笑别人，真正聪明者笑自己。"自嘲是人际交往中智慧的闪现。善于自嘲的人，能够发现生活中有趣的一面，并且通过他们的智慧幽默地表达出来。当他们遇到了尴尬和矛盾时，往往可以通过自嘲，使之化于无形之中。

在娱乐圈中，明星经常会和粉丝互动，而黄渤在和粉丝互动的时候，常常会自嘲，不仅将粉丝们逗得哈哈大笑，而且很好地拉近了与粉丝的距离。

有一次，一个粉丝晒出了自己的抱枕，是印有黄渤头像的人形充气玩偶，并且对黄渤说道："男神，这个抱枕已经陪了我两年，超爱你。"

黄渤的回答更是幽默："这两年睡得好吗……"

如果黄渤是千里马，那导演管虎便是发掘黄渤的伯乐。于是便有粉丝问道："渤哥，你认识管虎导演几年啦？"

黄渤回道："呦，那我得掰脚指头算算。"

种种类似的自嘲数不胜数，除了和粉丝的互动，黄渤在各种访谈中，也是不遗余力地黑自己。比如，黄渤在拍摄电影《无人区》的时候，很多场景都是在沙漠中拍摄的，尤其当地沙尘漫天，非常辛苦。

有记者采访黄渤的时候问道：“这地方烟尘大，平时拍戏化妆不容易啊！”

黄渤笑道：“容易，满地都是大粉饼盒子，随手抓一把就能化妆。”

记者听了，顿时笑了起来。

黄渤越是自嘲越是能受到观众的欢迎。大家不再纠结黄渤的颜值，反而越来越称赞黄渤的幽默和高情商。

自嘲，并不是示弱或者自我作践，而是一种情商高的表现，它是一个成熟的人所必备的社交手段。有人曾经说过：“善于自嘲的人，才是真正的聪明人。”

有的人无法接受自己的缺点，更不允许别人说。一旦有人提及，便会认为对方是在嘲笑他，损害他的面子。所以他总是小心翼翼地将这些缺点掩藏，更不用说去自嘲。他认为自嘲是将自己的缺点大咧咧地摆在人们的眼前，是一件非常丢脸的事情。

然而事实正相反，当你在与他人交往时，乐意去丑化、调侃自己，能够笑着说出自己的缺点，那别人也不会对此在意。但是如果你躲躲闪闪，反而会引起别人的好奇心，想要一探究竟。

在社交场合，一个懂得自嘲的人更能引起别人的好感。因为当他们遇到尴尬或者与人发生矛盾时，会恰当地自嘲几句。这个时候别人也就不好意思继续计较，一场风波就会化于无形。

很多人都说，善于自嘲的人，往往隐藏着一个有趣的灵魂。一个善于自嘲的人，他们的心态往往很乐观，无论何时都对生活充满着希望。他们往往很幽默，能够发现生活中有趣的一面。与这样的人相处，你的心态也会变得乐观，生活中充满着快乐。

善于自嘲的人，与人交往的时候，即使被人嘲笑，也可以化被动为主动。这样既让自己不显得尴尬，又能够彰显风度，可以快速拉近彼此的距离。

作家王小波的颜值也同样不高，这曾经是横跨在他的妻子李银河心中过不去的坎。李银河曾经说过，他们两个交往的时候，她还曾因为王小波长得实在太丑，跟他分过一次手。

但是，王小波从来不会因为自己长得丑而觉得自卑，甚至他还会通过自嘲来博得美人一笑。比如，他会对李银河说："我可以带你去动物园看看那些爬虫，这样你就会觉得我好看了。""一想到你，我这张丑脸上就泛起微笑。"……越是自嘲，李银河反而越能发现王小波身上的闪光点，与他有趣的灵魂产生共鸣，最终两个有情人终成眷属。

古人曾说："成大事者不拘小节。"只要我们能够放下架子，勇于自嘲，就能够获得更多的面子。

当然，无论你怎样自嘲，都要遵循"别人自嘲的时候不随意附和"这一条金科玉律。你自嘲是为了表达自己的幽默，为了化解矛盾和尴尬，为了获得更好的人际关系……但是，你并不知道别人自嘲的时候，是为了表达什么。

他们自嘲可能只是为了表达自己的谦虚，如果你顺势也上去黑别人，那就是一种低情商的表现。

或者，他们本来就是通过自嘲来掩饰心中的自卑，想要通过自嘲将你的注意力从他的缺点上转移开。这个时候，如果你顺着去黑他，势必会让对方下不来台，戳破他们小心翼翼维护的自尊。严重时，他们甚至会恼羞成怒，再也不和你来往。

所以面对别人的自嘲，我们只要面带微笑听着就好，必要的时候甚至可以去反驳一下对方，不要去质疑和较真，这才是你高情商的表现。

自嘲，是社交场合中的一味灵丹妙药，可以让你拥有更好的人际关系。但是我们在自嘲时，既要超脱，又不应太过尖刻而让自己感到屈辱，把握分寸才是最重要的。

学会用积极的赞美代替消极的批评

哲学家詹姆士曾说过："人类本质中最殷切的要求是渴望被肯定。"同样一件事情，赞美能够比批评取得更好的结果。

在某一期的《极限挑战》中，"极限男人帮"携"谋女郎"周冬雨挑战超高雪山，周冬雨因在节目中"嫌弃"王迅、直呼前辈姓名而引发网友炮轰。而在另一期的《极限挑战》中，王迅两次想和周冬雨合影都遭到嫌弃拒绝，网友纷纷表示："怎么一点儿素质都没有？"

这事在网络上闹得沸沸扬扬。有一次，黄渤在某采访中被问到如何看待这件事情。

黄渤说道："这事不能这么想，当初张艺兴才来节目太礼貌有人说他装，现在周冬雨来了很随意，又被说没礼貌。娱乐节目嘛，别太当真，开心就行。"

后来，王迅也在微博下留言力挺周冬雨："请求大家别再因为节目里的言行来评判一个人，很多时候我们是为了节目效果，和人品无关……"

一向比较高冷的周冬雨，也紧接着回应王迅："谢谢松鼠迅，我 OK。"

消极的批评是生活中很常见的事情，不论是亲人、朋友、同事还是陌生人之间，都可能因为一件错误的事情而去批评对方，在家庭和职场上尤其常见。

在生活中有这样一个现象：当你正在计划或者已经做了某件事情之后，不论事情大小，身边总有一些人要和你唱反调。小的事情比如说，你新剪了一个发型，正自我欣赏的时候，有人跳出来说你这样的发型不好看，应该怎样才好看。或者，你刚换了一个新的手机，就有人出来说，你不应该换这种手机，它存在着哪些缺点，另一个牌子的手机性价比才是最高的……

大的事情比如说，你计划要买一套小房子，留着升值，就有人会以过来人的身份，意味深长地告诉你，买个大的才是最划算的……

每个人都有不同的观点，很多他们认为错的事情，也许在你的认知中就是正确的。事实上，我们并没有立场去随意批评别人。

当然，这并不是说让我们对生活中一些错误的事情视而不见，而是说在给对方提意见的时候，用积极的赞美去代替消极的批评能够取得更好的效果。

没有人是完美的，每个人都会犯一些错误。当你犯错的时候，来自别人的批评纷沓而至，即使你虚心接受了批评，心中也不会舒服。同样地，换位思考一下，你在批评别人的时候，别人也是如此的感受。

卡耐基曾经说过：“只有不够聪明的人，才一味地批评、指责和抱怨别人。”

每一个喜欢批评别人的人，通常都存在着高人一等的心理，他们批评那些犯错的人，无非就是想要证明自己更高明罢了。这样的行为，只会引起别人的反感。严重时，甚至会让你失去更重要的东西。

在电影《巴霍巴利王 2》中，有这样一幕：巴霍巴利即将登上王位，获得最后的胜利。于是在登基之前，他将自己心爱的未婚妻从别的国家带了回来。

但是巴霍巴利的母亲并不同意这门婚事，因为她已经将这位公主，许配给了他的哥哥。

巴霍巴利知道后很是愤怒，并且在众朝臣和所有皇室成员的面前，大声地指责他的母亲说：“你错了！”

短短的三个字，让母亲勃然大怒，并且当众宣布巴霍巴利失去了王位的继承权，并且将他和他的未婚妻驱逐出皇室，最后落得个被杀害的下场。

仅仅是因为巴霍巴利一句指责的话，就让整个皇室的格局骤变，并且引发了一场改变命运的大战。

当我们在指出别人错误的时候，先赞美肯定一下对方的优点，然后再委婉地提出自己的建议，将更容易被对方接受。

有一位老人，每天午后都喜欢搬一张躺椅，在自家院子里安静地晒太阳。但是，每当午后就会有一群孩子来到老人家门前的空地上玩耍。

他们肆意地打闹、欢笑，每每都能精力充沛地玩上两三个小时。老人失去了宁静，不堪其扰。但是他并没有直接出去呵斥这些小孩，而是想了另外一个办法。

等到第二天中午，老人走向前对着来玩的孩子说道："孩子们，谢谢你们每天这么辛苦地来这里玩耍，为这里增加了不少的热闹。我很高兴，为了感谢你们的付出，所以我要送你们一些点心。"

老人给每个孩子都分了五块小饼干："现在请你们尽情地玩耍吧。"

孩子们很开心，吃完了饼干之后，他们玩了特别久，等到累得一动也不想动才回家去。

第二天，他们又来了，老人又来给他们分点心，只是这一次老人只给他们三块小饼干，因为他也没有多少了。

孩子们有些失望，但还是玩了一会儿才走。

等到第三天，在孩子们很是期望的时候，他们只得到了一块小饼干，并且老人告诉他们，这是最后的饼干了。

拿到那一块饼干之后，孩子们非常生气，一开始有五块饼干，现在只剩下一块了，那他们为什么还要这么辛苦地给老人增添热闹。于是，他们气呼呼地走了。后来，他们再也没有出现在老人的门前。从那以后，老人又可以享受每天午后的宁静了。

批评、指责的话通常都是尖锐、刻薄的，很容易成为引发矛盾的导火索。当你发现别人的错误时，不妨向黄渤和老人学习，学会用赞美的方式去解决问题，这样就能够发现生活中的美好。

不揭人之短，更讨人喜欢

俗话说“打人不打脸，骂人不揭短”，这是做人的基本原则。但随着社会的发展，人们越来越崇尚言论自由。很多人与人交往的时候，忘记了不能提及别人的“禁区”，更不能肆意嘲笑别人的痛处。他们甚至还会为自己包装一层“心直口快”的保护色，却不知道这正是他们低情商的表现。

不提及别人的短处，不仅是为人处世的技巧，更是尊重别人的表现，也体现了一个人是否具有慈悲心和同情心。

黄渤主演的电影《亲爱的》，讲述了一个以田文军为首的一群失去孩子的父母去寻找孩子，以及养育被拐孩子的农村妇女李红琴如何为夺取孩子做抗争的故事。

这部电影是根据央视早年的一则“打拐”新闻改编而成的，由黄渤饰演的田文军的原型是一个叫作彭高峰的父亲。

记者采访黄渤的时候问道：“与他接触过吗？”

黄渤说道：“对方在拍摄的时候来探过一次班，电影首映时也见过一次。”

记者继续问道：“见面的时候你的状态怎么样？”

黄渤有些沉重地说道：“这个故事我们走了多少遍了，内心很复杂，觉得说什么都无力，都是很残忍的。我们跟彭高峰见面的时候，他的小孩已经找回来了，但旁边还有很多小孩没有找回来的父母。如果小孩都找回来了，还可以聊一下这个过程。可这样一种情形之下能说什么呢，说什么都很残忍。我演这个人物之前就已经想好了，就是尽量靠近，不玩花样，不希望出彩，只是尽量还原。”

“人无完人”，无论是人格多么高尚或者自诩多么宽宏大量的人，身上都有“逆鳞”的存在，也就是我们常说的缺点、自卑感及隐私。他们将这些“痛处”小心翼翼地隐藏起来，等到没有人的时候才会独自舔舐伤口。如果有人触碰到了这些痛处，就是触及他们的底线。他们往往会恼羞成怒，甚至会在心中记恨于你。

无论什么人，被别人说出隐私和短处，都是一件不愉快的事情。尤其是生活中有一些人，特别喜欢用别人的缺陷开玩笑。比如说，有人比较胖，平时最害怕的就是有人嘲笑自己的身材。在聚会的时候，偏偏有人喜欢对着她说“哎呀，你看看你身上又多了一个游泳圈”，和别人一起嘲笑她穿衣服难看，将她置于非常难堪的境地。

这种为了自己一时痛快，不断提及别人的痛处来娱乐自己，实在是一种非常可耻的行为。如果还用侮辱性的语言加以攻击，就不得不让人怀疑你的人品。

对于中国式客套话来说，它的内涵是发展和谐共赢的社会关系。情商高的人在为人处世方面，从来不会抓住别人的隐私、痛处和缺点大做文章，而是尽力去发掘对方的优点，赞美对方的长处。这样的人，无疑更能获得别人的好感和信赖。

明太祖朱元璋是明朝的开国英雄，但是他出身贫寒，为了养活自己，做过牧童、和尚和乞丐。后来，他凭借着自己的英明，登上了皇帝的宝座。

等到他富贵了之后，以前的穷亲戚都来投靠他。看在往日的情分上，朱元璋大都睁一只眼闭一只眼，给了他们一些富贵。

但是，有一位儿时的朋友却十分不识相，他几经周折进了皇宫之后，非常不客气地对朱元璋说道："哎呀，朱重八，你现在可真是威风呀！你还记不记得我，咱俩从小一块玩儿，你干了坏事总是我帮你顶着。有一次，咱俩一块偷豆子吃，你心急，结果豆子卡在嗓子眼儿里，还是我帮你弄出来的。"

这位朋友喋喋不休，越说越不像样子。朱元璋看着朝下那些官员诧异的神色，脸色越来越难看，大喝一声："住口，你是什么人，敢在这里大放厥词？来人，给我拉出去斩了！"

那人不知道自己错在了什么地方，就这样稀里糊涂地丢了脑袋。

另一位朋友却不一样，他见到朱元璋先是五体投地行了一个大礼，然后满口崇敬地说道："我主万岁，当年微臣随驾扫荡庐州府，打破罐州城。汤元帅在逃，拿住豆将军，不料红孩儿当关，多亏菜将军，万事大吉。"

朱元璋听完他的这番话，心里非常高兴，重重地封赏了这位老朋友。

在生活中，我们应该学会尊重别人的隐私，不做那搬弄口舌之人。

尊重别人，当从小事做起。即使对方无意中得罪了你，你也不能为了报复对方在别人的面前揭他的短，透露他人隐私，让他难堪；甚至无中生有，捏造事实中伤对方，这是小人之行为。

我们维护了他人的尊严，别人自然也会投桃报李维护我们的尊严。当我们尊重别人隐私的时候，别人也不会对我们的隐私探个究竟，也会越来越喜欢和我们相处。情商越高的人，与人相处的时候越会处处体谅对方，避开他人的隐私。这不仅仅是会说话的表现，更是为人处世的智慧。

即便对方是错的，也要先肯定对方的观点

人无完人，一个人即使再聪明、再小心翼翼也不能避免错误的发生。但是，一个人无论是否知道自己的错误，如果被人直言指出，心中都不会高兴。甚至他不但不会接受对方的建议，还会在心中暗怪对方多管闲事。

美国德克萨斯大学的教授乔纳森曾做过一个实验，最后得出一个结论：如果对方的意见与自己的一致，人们一般就会认为对方的观点是正确的。与之相反，如果对方的意见与自己的相悖，无论对方怎样正确，也得不到认同。

情商高的人，发现别人犯错的时候，并不会直言指出，而是先肯定对方，在必要的时候还会维护对方，以免让对方陷入尴尬。

在娱乐圈中，关于“小鲜肉”和“老戏骨”的话题日益增多。很多人对于“小鲜肉”都抱有一种不赞同的态度。有一次，黄渤被问到，如何看待“老戏骨”和“小鲜肉”的问题。

黄渤并没有直言批评，他表示“小鲜肉”的问题是行业发展的结果。他说道：“‘小鲜肉’这事，其实就是说年轻演员嘛，年轻演员他们是在这个市场里边客观存在的，他们能够有那么大的流量说明市场是真的需要他们，他们是有这个受众跟需要的群体的。存在就有道理，目前出现的问题，是因为市场和

市场需求都在急剧膨胀。市场对年轻演员的需求肯定是有的，我觉得出现这些问题的原因并不能单纯地归结于某一个人、某一个演员，是一个整体的现象。每个现象的催生都有它的本质原因，我觉得也没有必要太担心。”

最后，黄渤还用自己的经历做了一个示范：“其实在我才入行不久的时候，那些演员前辈们，也对像我们这样当时年轻一点儿的演员充满了担忧，充满了危机感……这需要一个过程。这是一个客观的存在，我们得正确面对，而且我觉得时间会优胜劣汰地为我们呈现出来一些好的年轻的演员。”

黄渤并没有直接去批评那些“小鲜肉”，而是先肯定对方的优点，然后还特别有耐心地给那些年轻演员们支招儿，并且表达出自己希望他们锻炼，变成有实力的演员的愿望。

其实，没有谁是完美的，如果我们只站在自己的角度去评论别人的对错，将很难做出一个正确的判断。即使是去劝说对方，也难以说服对方。

心理学家表明，轻易对别人的行为或者观点说“不”，很容易引起对方情绪的对立，让对方产生逆反心理。这个时候，无论你说什么，对方都会进行反驳，使沟通难以顺利进行。直白地指出别人的错误，是一种低情商的表现。长此以往，别人不仅不会感激你的直言相告，反而会远离你，认为你是一个挑剔、不可相交之人。

情商高的人在反驳别人的时候，往往会先肯定对方的言语、行为、观点等中的合理性，让对方放下心中的戒备，然后再顺势抛出自己的观点。有理有据，才能让对方更容易接受你的建议。如果在对方还没有说完时便打断，并且告诉对方他这么做是错误的，那样只会激起对方更加强烈的逆反心理。

《非诚勿扰》自开播以来，就受到了观众们的喜爱，孟非的主持水平也获得了观众们的认可，并且观众们十分佩服孟非看上去不紧不慢却拥有智慧的主持技巧。

有一次，节目中来了一位非常“另类”的男嘉宾，这位男嘉宾生活非常节俭，并以此为荣。

他在介绍自己的时候说：“我五年没有买过衣服，几乎每天都是馒头加咸菜，工资虽然不少，但我是一个非常节俭的人，钱对我来说就是能不花就不花。我打算在北京攒一套房子钱，希望能有女嘉宾愿意跟我每天吃馒头、咸菜。”

然而，这一番话并没有获得女嘉宾的好感，她们反而纷纷说“这是过日子吗？”“太抠了！”……并表示了自己的鄙视和反感。

眼见男嘉宾因为女嘉宾的话越来越尴尬，孟非开口说道：“我来说两句啊，男嘉宾，勤俭节约是我们中华民族的传统美德，你能有这样的想法真的不错，现在有这种想法的人太少了，我们应该学习勤俭节约。”

正当男嘉宾因为孟非的话，脸色缓和了许多的时候，孟非话题一转，说道：“可是咱们得知道，生活不是一个火坑，不要觉得你在里面吃苦受罪有一天就能爬出来，我认为活好每一天才是最重要的，不能为了钱、房子就把自己当成机器一样工作，咱也别为了攒钱每天都不花钱买菜，这样对身体也不好，是不是？再说了，钱不是省出来的，该花的钱就得花，你每天都活得非常开心，让自己的女朋友也非常开心，这就是最好的生活了嘛。”

话落，男嘉宾若有所思地点了点头，反思自己的做法的确有些过火，台下的观众也因孟非的话鼓起掌来。

为人处世不可太过死板，无论是多么亲近的人，我们也不能因为关系好就口无遮拦，大大咧咧地指出别人的错误。当然，也不是让我们视而不见，这有损朋友道义。

我们应该用一种委婉的方法，先去肯定对方的优点。同时，肯定别人的意见时态度要恳切，语言要中肯，而且要注意对方的情绪变化，然后再去指出对方的错误。在表达的时候语言要清晰，态度要诚恳，不可秉持一副居高临下指点对方的姿态。你可以这样说："我觉得你提出的方案这个方面说得很好，不过有一些地方还能做得更好，咱们不妨一起探讨下。"这样能够使对方更加容易接受你的意见。

表达不满，不妨试试幽默的方式

人们可以用多种方式去表达自己的不满，如愤怒、大声吼叫、疾言厉色……显然，无论是哪种方式，都会引起矛盾和争端。若是两人因此争吵起来，事态便会越发展越大。

当我们想要表达自己的不满时，并不一定要怒发冲冠，非要和对方"决一死战"不可。幽默地回击对方，不但能够取得更好的效果，而且还能够展现自己的风度。

黄渤是娱乐圈中公认的"好好先生"，我们很少看到他与别人起冲突，即使被人调侃颜值，依然言笑晏晏。但是，当事情触及他的原则的时候，他也会毫不留情地回击，以此来表达自己的不满。

黄渤和刘烨是很好的朋友，两人开玩笑的时候还曾提出双方子女要结"娃娃亲"。

有一次，刘烨开玩笑地说："黄渤都不敢给我们看他女儿的照片。哎呀，他女儿长得呀，一看就是亲生的，跟他爸爸一个样……当然我是开玩笑的，其实还挺漂亮。"

黄渤没有生气，而是笑着回道："这孩子跟爸爸长得像那是再正常不过的了，怎么，难道你儿子不像？不像也没关系，这也不代表什么。反正我们要找的是女婿，不会介意的。”

有时候，面对别人的刁难，如果你像一只发怒的狮子一样来表达自己的不满，对方不但不以为然，反而还会抱着看好戏的心态，看你出丑。黄渤面对别人的玩笑，幽默地回击，让对方哑口无言，比起愤怒地表达，更见高端。

所以，当你表达不满的时候，不需要反唇相讥，以牙还牙，这样做往往会进一步激化矛盾。幽默地反击，借力打力，不需要针锋相对，便可以轻松扭转局面。

小S的毒舌是圈内知名的，有一次黄渤去参加《康熙来了》，小S在一开始就展现了她的毒舌。她大胆地拿闺蜜林志玲对她说的“私房话”来挑衅黄渤：“黄渤，你知道吗？林志玲和你拍完吻戏后，吐了大约一个月！”

黄渤听了很无语，一脸苦笑，但反击还是要有的，他说：“从容貌、从身高、从体形，你比林志玲差远了！你哪点可以跟人家比啊！你就天天录一个节目，为难人家！”

黄渤口若悬河，小S大喊：“你需要讲这么逼真的话吗？你说我任何方面都输林志玲吗？”

黄渤接着“补刀”：“就是尖酸苛刻方面，你胜过林志玲！”

在生活中，人们对于幽默的理解便是某些行为能为别人带来欢笑。但幽默的作用并不仅仅于此，用幽默去反讽别人，比直言表达出的效果更犀利。

金星是《舞林大会》的邀请嘉宾，有一次，一位选手穿着比较暴露，而且舞艺不佳，金星点评的时候说道：“看完你的舞，我才知道女人的性感和露多少肉一点儿关系都没有。性感是让男人追着屁股跑的，不是放在桌面上的，放在桌面上的不是性感而是猪肉。”金星在表达自己不满的时候，言语犀利但却并不让人反感，因为她说得字字在理。

如果你受到别人恶意的挑衅，用幽默反击，更能表现自己的风度。

有一次，张作霖受到邀请出席日本人的酒会。

在酒会上，日本人对于张作霖威风凛凛的样子十分不满。于是，他们为了发泄内心的愤懑，设了一计要让张作霖出丑，以此来羞辱他。

酒过三巡之后，一个日本名流离席而去。过了一会儿，他拿来笔墨纸张，指名要让张作霖当场赏幅字画。

在他们的认知中，像张作霖这样的军阀都是“土包子”，斗大字不识一箩筐，定然会当众出丑。

张作霖心中明白日本人的目的，不动声色地接过纸笔，在纸上大写了一个“虎”字，落款为“张作霖手黑”。写完之后，冷笑两声掷笔回到了自己的座位上。

这个时候，秘书在张作霖耳边小声说道：“大帅，您的落款‘手墨’的‘墨’字下面少了一个‘土’，成了‘黑’字了。”

张作霖听了，两眼一瞪，大声骂道：“你懂什么？！正因为是写给日本人的，所以才‘寸土不让’！”

高情商的幽默，是一种对分寸感的把控，他们表现出来的冷幽默最后往往会有出人意料的效果。不但能够恰到好处地展现自己的诙谐幽默，给身边的人带来欢乐，有时候还能够在关键时刻发人深省。

当然，我们在用幽默表达自己不满的时候，首先要控制好自己的情绪，保持一颗冷静的头脑，才能拥有随机应变的思维，化被动为主动给予幽默的反击，将自己从尴尬的氛围中解救出来。

同时，要不断提高自己的语言艺术，在表达时不能一味地哗众取宠，要努力从实际出发，视情况而定对策。有人曾说过：“幽默是一种修养，更是一种生活。”如果我们能够将幽默运用得恰到好处，那么，在社交场合，我们就会更受欢迎。

真正有趣的人在逆境中仍能保持幽默

人生不如意事十之八九，在逆境中有的人颓废，有的人却能微笑面对。有趣的人，在逆境之中也总能保持一颗乐观的心，即使面对困难，也能用幽默去化解。

因为黄渤的容貌和所处的环境，他的人生面临着更多的困难。当他褪去了影帝的光环之后，我们可以发现他也只是一个普通人。但是，他的幽默无疑赋予了他更深的魅力。更难能可贵的是，即使再困难，他依然没有丢失这种美好的品质。反而经过困境的磨砺，越加大放光彩。

曾经在采访的时候，有记者问过黄渤，为什么老是出演一些小人物。

黄渤笑着说道："这个不关我的事，别人老找我来演小偷，没办法，长得已经浑然天成了。"

由此可见，在娱乐圈中，一个高颜值的相貌对于明星多么重要。因为颜值，黄渤从一开始的音乐梦碎到只能在电影中出演一些搞笑、夸张的小人物，甚至因为颜值，他连续考了三次的北京电影学院，最后改成配音系才考了进去。

年轻时候的黄渤喜欢唱歌，于是做了酒吧驻唱歌手。七年的时间，他从青岛唱到广州，再唱到北京，一路漂泊流离，可惜一直不温不火。

对于那段黑暗的日子，黄渤是如此形容的：“不是我吃不上饭，没地方住，更多的是你老觉得自己这一天天的都白过了，你会有那种特慌的感觉。那种感觉，让人经常想找个没有人的地方痛哭一场。但第二天，还是要像往常一样，驻唱、跑场子，难啊！”

即使如此，在提起这段过往时黄渤依然没有丝毫怨言，反而幽默地说道：“当时唱歌的时候最多一天连赶过11个场，人家分偶像派和实力派，我是体力派。”

在生活中，人们更愿意和有趣的人交往，他们往往具有丰富的知识，广阔的胸怀和人生格局。因为他们拥有乐观的天性，能够从容地面对人生的困境，而且具有强大的感染力。俗话说：“近朱者赤，近墨者黑。”正因为他们的生活充满着快乐和活，。所以，我们和他们相处的时候，也会变得轻松愉快，时间长了也会变得心胸宽广。

无趣的人，不论生活多么美好，多么丰富多彩，他们依然只能看到苦恼和烦闷。如果和这样的人做了朋友，我们也会觉得生活越来越无聊。久而久之，就会被苦恼和烦闷所淹没。

幽默的人，在面对生活中的无奈、愁苦与悲伤的时候，往往具有“一笑解千愁”的豁达心境。他们秉持着“笑看天下古今愁，了却人间许多事”的生活态度，将生活变得丰富多彩。

有人曾经说过：“笑口常开的人，运气一般不会太差。”一个幽默的人，可以苦中寻乐，即使在困苦中，也可以用一个动作或者一句话为身边的人带来开心，并可以借此来解决一些本来很难解决的事。

没有人会喜欢和一个每天哭丧着脸的人交往，甚至别人还会因此而怀疑你的能力。比如说，一个满脸自信、面带笑容的人和一个满面愁苦、没有精神的人创业，他们的资金出现了断口，去找同一个人投资。

如果你是投资人，在同时接到两个人的请求的时候，会愿意投资给谁？毫无疑问，是那个满脸自信、面带笑容的人。因为他的精神面貌证明了，他也许会带给你翻倍的利润。而那个满面愁苦的人，你不但不会投资给他，还会心生怀疑，他是否有能力创业或者创业只是他想要获得资金的借口。

幽默的人，更容易走出困境。因为他们乐观的心态能够获得更多人的帮助，一步一步，获得自己的成功。

当然，我们要明白真正的幽默不是刻意制造的文字陷阱，更不是玩弄于股掌之中的语言游戏，而是洞察一切的睿智，是面对困境的从容不迫，是自然而然的生活积淀。

恩格斯曾经说过："幽默是具有智慧、教养和道德的优越感的表现。"

幽默能表事理于机智，寓深刻于轻松，带给周围的人欢笑和愉快。幽默运用得当，能为谈话锦上添花，让人轻松之余又深觉难忘。它能够帮助我们化解人生的苦涩。当我们在生活中遭遇到挫折的时候，不妨让自己变得幽默一些，乐观地去面对这些挫折，就会发现其实战胜它们很容易。

关注时尚词汇与流行语言，幽默也要有时代感

2006 年，黄渤参演《疯狂的石头》时，说了一句“牌子，班尼路！”，成为网络上的流行语。2018 年，在他导演的第一部电影《一出好戏》上映之后，电影中的那句“以前咱们就算是一坨屎，只要冻上了，没人咬破，那就是冰激凌！”又在网络上热传，成为当下的流行语之一。

在信息大爆炸的今天，黄渤的幽默并不是一成不变的，他吸收了各种流行语言，在访谈中频曝金句。甚至，他的话就成为当下的流行语。

与粉丝互动时，黄渤的一些幽默的回复，让人在捧腹的同时，更佩服他的高情商。

有粉丝曾经问过黄渤是否会做导演：“渤哥，请问你考虑过以后做导演吗？回复我直播吃‘翔’三斤！”

黄渤幽默地说道：“长身体的时候不要暴饮暴食。”

粉丝问黄渤：“渤哥！求翻牌！我是你的颜值粉！”

黄渤说道：“好的审美会影响你一生。”

粉丝：“黄渤哥哥，如果你是女的，只能在‘男人帮’其余五位当中选一位当老公，你会选择谁？一定要选，否则地球毁灭。”

黄渤："我实在管不了地球了。"

黄渤主演的电影《亲爱的》上映宣传的时候，有粉丝问道："听说看完《亲爱的》会哭得很惨，那到底应不应该化妆去看呢？"

黄渤的回答，就很幽默了："本电影自带卸妆功能。看完电影的男生可以注意一下旁边的女朋友，你可能会发现一个完全陌生的人。"

幽默就像是艺术，来自生活又高于生活，一成不变的幽默，也许在初始会吸引别人的注意力，让人为之一笑。但是无论再好笑的事情，如果翻来覆去地讲，也会变成老生常谈，让人听之味同嚼蜡。

当信息变得越来越自由之后，我们在表达幽默的时候也可以融入更多的搞笑元素。比如，网上曾经流行过的一句鸡汤文："你若安好，便是晴天！"用来鼓励朋友。如果将其修改成："你若安好，便是晴天霹雳！"就可以用来调侃朋友，更见幽默。

网络越发达，人们越能够随时接受新的时尚词汇和流行语言，这对于丰富我们的幽默知识十分有帮助。比如，那些"皮皮虾，我们走""惊不惊喜，意不意外""照骗""还有这种操作？"等，都可以运用到幽默之中。

《向往的生活》有一期是几个嘉宾在那儿撑着大的塑料袋，玩得很开心。他们并不是在制作什么，只是单纯地在玩游戏，显得有点儿傻气。

旁边有人说道："怎么会有这么无聊的游戏呢？"

接着，有嘉宾也跟着开始吐槽，正在玩的那些人有些不好意思了。

何炅站在旁边说道："怎么会有这么无聊又好玩的事！"

这 13 个字，充满了人生道理，网友们纷纷点赞。

很多人都称赞过何炅情商高，他主持节目的时候也经常会说出一些非常幽默又充满智慧的话，让人争相模仿。

"我不是冠军，我不是冠军，我不是冠军谁是！朋友可以交新的，冠军只有我一个！胜者为王，败者为寇！你们这些寇！”

“人生本来就有很多残缺，人永远无法求得圆满。想要在任何地方都追求完美，就是自寻烦恼。”

“有时候，风来了，你却站去了别的地方，等，其实是一种本事。”

……

生活的车轮在不断前进，如果我们一直在原地踏步，那就很难引起别人的注意。因此，我们在表达自己幽默的时候，可以注意下面几点。

1．打破常规的说法

有很多耳熟能详的言语，但说多了难免觉得寻常平淡，而稍作修改就会变得新颖有趣，而且幽默感十足。

比如：“路遥知马力，日久见人心。”如果稍作修改：“路遥知马力不足，日久见人心叵测。”不但意思变得犀利，而且也幽默很多。

2．夸张

夸张是很多段子手屡用不爽的一种幽默手法。看过《吐槽大会》的朋友应该都知道，李诞、池子吐槽的那些段子很多都用了夸张的手法。

3．比喻手法

运用比喻的修辞手法来表达幽默，比起平面直抒更加形象有趣。

比如：“如果睡眠是一种艺术，谁也无法阻止我追求艺术的脚步。如果生活只是个悲剧，我也要做个官窑上品青花瓷杯具。”

4．在幽默中加入广告语

广告在生活中非常常见，而且说起来朗朗上口，在此基础上改一下，就变得很有趣。

比如农夫山泉的广告语是：“农夫山泉，有点甜！”就可以改成：“人生三大奋斗目标：农妇、山泉、有点田。”

5. 负能量真相段子

近两年特别流行一语道出真相的负能量段子，同时这些段子也是很黑、很损、很有趣的，在适当的场合，可以向那些朋友放个大招！

比如：“别减肥了，你丑不仅是因为胖。”

再比如：“又一天过去了。今天过得怎么样，是不是离梦想更远了？”

6. 故意歪解

用似是而非的荒唐道理去解释事物，让人啼笑皆非，产生幽默之趣。“偷”歪解得越离谱，幽默味越浓。

各种流行词语或者手法都可以融入我们表达幽默的方式之中，这样不但能够让我们的幽默变得更加新颖，引起别人的兴趣，也在无形中扩大了我们的知识面，丰富了人生经历。

开玩笑要过大脑，避免误入禁区

适当地开玩笑，可以让人顿生好感，迅速拉近彼此的距离。黄渤虽然爱开玩笑，但从不乱开玩笑，让人尴尬。很多时候，有一些人可能在开玩笑时不小心踩了别人的雷区，得罪了人而自己却还浑然不知。

楚明喜欢讲笑话来活跃气氛，他长得胖，所以经常会向大家讲一些取笑胖子的笑话，当作自嘲。

有一天，公司的大领导到楚明的部门小坐，同事们都不敢说话，气氛比较紧张。这时，楚明就主动给大家讲笑话："一个胖子，从 20 楼跳下来，会变成什么？"大家纷纷沉默，楚明以为没有人知道答案，于是揭开谜底："会变成死胖子！"

但是，他讲完之后居然没人笑，气氛变得更加尴尬！这时他才发现，原来大领导来了之后，最胖的人已经不是他自己了。

幽默的艺术，和任何一种社交哲学一样，都是张弛有度才完美。因为某些幽默可能会有嘲讽的作用，所以在开玩笑的时候，我们更应掌握恰如其分的戒律，还要因时、因人、因地和因内容而定，避免误入禁区。

1. 讽刺性的幽默在没有留意时会造成疏远，并且会冒犯到别人。因为别人会认为这是在针对他个人。例如，有些人经常对男女之间的私情津津乐道，绘声绘色地传播庸俗、无聊甚至下流的情节，只能给人难堪的刺激。

2. 别人说笑话的时候你露出心不在焉的表情，你的不笑（或许你认为并不好笑）就会破坏了整个场所的气氛。当大家聚集在一起时，人们一定会表现出各种的表情。如果别人都笑成一团，唯独你板着面孔，就会十分破坏气氛。因此，即使你觉得并不够好笑，也应笑一笑，以表示你的赞赏。

这本身就表现了你对幽默的融合和理解。大家笑出声后，整个场面的气氛就变得更热闹，大家的心情也会变得更轻松，接下来一旦你再表现出幽默，就一定会产生更大的效果，最终受惠的还是你自己。

3. 有关性暗示和种族歧视的笑话，以及取笑残疾人的笑话都不适当，因为这可能会冒犯到别人。例如，拿别人的生理缺陷开玩笑，这是在故意揭别人的“疮疤”，把自己的快乐建立在别人痛苦的基础之上。

4. 不可用玩笑来蔑视别人的职业，玩笑不应含有蔑视别人职业的成分。如果你拿来开玩笑的职业和对方的职业无关的话，那倒无妨。可是如果你开玩笑的职业正是对方的职业，那就不高尚了。所以，若玩笑的话题涉及职业，你一定要先弄清楚对方的职业才行，否则你的玩笑不仅达不到效果，反而会为你带来恶劣的后果。

5. 恶作剧可能会导致意外，而且不是每个人都愿意接受的。例如，捕风捉影，以假乱真，把小道消息作为茶余饭后的笑料，这是一种不负责任的低级趣味。

6. 有些人神经较迟钝，对别人不过分的批评根本不放在心上；有些人则神经过敏，对别人的一举一动都不放过，任何细微的批评都足以使他难过上好些天；有些人性格爽朗，有些人则性格忧郁……人类个性的差别既然如此大，你幽默时一定不要忽略对方的性格因素。

7. 不要挖苦女性的容貌。与人开玩笑时，若对方是女性，尤其是妙龄少女的话，绝对不可说出挖苦女性容貌的话来。因为你的玩笑只可能使对方感到厌恶，对方甚至会对你的人格打折扣。

男性被人批评容貌，会反驳说："那有什么关系？男人又不是靠一张脸建功立业！"但女性就不同了，对于一位女性而言，被人批评容貌是一件相当残酷的事情。因此，无论如何绝对不能拿女孩子的容貌来开玩笑。相反地，如果运用你的幽默来称赞对方的话，那就最理想不过了。

8. 不要刺伤别人的心。如果玩笑可能刺伤在座的任何一个人，那就不要说出来。因为受到伤害的人会因为别人的笑声而内心更为难受，甚至于对你产生怨恨。比如，在婚礼的宴席上，说些幽默而带有启示意味的话是相当不错的，而如果你将幽默的话题指向新娘年纪比新郎大，或是新娘原是酒吧的服务员之类的话，你的幽默就要弄巧成拙了。

大家一定要注意，不要在疏忽之中说出刺伤别人的玩笑话，否则，不管你多么幽默，也不会使别人佩服。说话的人或许无心，但听者却往往是有意的。因此，这类玩笑还是少说为妙。